面向"十二五"高职高专土木与建筑规划教材

工程经济学
（第2版）

王　胜　主　编

苗　青　荀慧霞　左亚静　副主编

清华大学出版社

北　京

内 容 简 介

本书系统地介绍了工程经济学的基本理论和分析、计算的方法,主要内容包括工程经济学概述、资金的时间价值、工程经济评价指标体系及方案评价、建设项目资金构成与融资、工程项目不确定性分析、工程项目设备方案的选择与更新、价值工程、建设项目可行性研究、房地产开发项目经济评价等内容。

本书既可作为高等职业技术学院、高等专科学校、成人高校及本科院校工程管理类专业的教学用书,还可供房地产开发、建筑工程经济与管理相关专业及从事工程造价管理工作的人员参考。

图书在版编目(CIP)数据

工程经济学/王胜主编. —2 版. —北京:清华大学出版社,2018(2023.7重印)
(面向"十二五"高职高专土木与建筑规划教材)
ISBN 978-7-302-48167-6

Ⅰ. ①工… Ⅱ. ①王… Ⅲ. ①工程经济学—高等职业教育—教材 Ⅳ. ①F062.4

中国版本图书馆 CIP 数据核字(2017)第 205684 号

责任编辑:桑任松
装帧设计:刘孝琼
责任校对:吴春华
责任印制:杨 艳
出版发行:清华大学出版社
   网 址:http://www.tup.com.cn, http://www.wqbook.com
   地 址:北京清华大学学研大厦 A 座   邮 编:100084
   社 总 机:010-83470000   邮 购:010-62786544
   投稿与读者服务:010-62776969, c-service@tup.tsinghua.edu.cn
   质量反馈:010-62772015, zhiliang@tup.tsinghua.edu.cn
   课件下载:http://www.tup.com.cn, 010-62791865
印 装 者:大厂回族自治县彩虹印刷有限公司
经 销:全国新华书店
开 本:185mm×260mm   印 张:13   字 数:316千字
版 次:2014 年 2 月第 1 版 2018 年 1 月第 2 版 印 次:2023 年 7 月第 6 次印刷
定 价:38.00 元

产品编号:075608-01

第 2 版前言

工程经济学是研究工程技术与经济之间关系的一门学科，其核心是对工程技术方案进行经济分析与评价，选择技术上先进、经济上合理的最佳方案，以达到最优使用各类资源的目的。随着我国市场经济体制的进一步深化，建筑行业、房地产行业的工程项目管理类需要大量既懂工程技术又懂经济的高端技能型人才，工程经济学是工程管理类专业重要的基础课程。

本书自 2014 年第 1 版出版以来，被许多高职高专院校工程管理类专业用作"工程经济"课程的指定教材和教学参考书，并得到了广大读者的好评，对高职高专工程经济的教学与应用起到了一定的促进作用。随着教学要求和应用水平的不断提高，现在第 1 版的基础上，调整了一些章节内容，修订了一些漏洞和不足，注重工程经济基本原理与方法的应用，从由浅入深的教与学考虑，在内容表述上力求通俗易懂，增强了实用性和可操作性。希望这些内容的调整与改动能够更清楚地反映高职高专工程经济教学与应用中的新变化和新需求，能够更好地表现各种概念、方法及原理的本质特征和相互关系，提高本书的可读性和阅读效率。

本书由山西建筑职业技术学院王胜担任主编，由苗青、荀慧霞、左亚静担任副主编。其中第 1、9 章由山西建筑职业技术学院王胜编写，第 2、4 章由山西建筑职业技术学院左亚静编写，第 3、8 章由山西建筑职业技术学院荀慧霞编写，第 5、6、7 章由山西建筑职业技术学院苗青编写，全书由王胜统稿。

在本书的编写过程中，参考和引用了国内外众多学者的著作，在此表示衷心的感谢。

由于编者能力所限，书中难免有遗漏和错误之处，敬请各位读者批评指正。

编　者

第1版前言

工程经济学是研究工程技术与经济之间关系的一门学科，其核心是对工程技术方案进行经济分析与评价，选择技术上先进、经济上合理的最佳方案，以达到最优使用各类资源的目的。随着我国市场经济体制的进一步深化，建筑行业、房地产行业的工程项目管理类需要大量的既懂工程技术又懂经济的高端技能型人才，工程经济学是工程管理类专业重要的基础知识。

本书编写者力图为读者提供工程经济的思想理论与实际应用方法，读者通过本书的学习能掌握工程经济分析的具体方法，具备一定的工程经济分析能力。本书介绍了工程经济学基本原则、资金时间价值、等值计算、工程经济学方案评价指标体系、方案选择与评价、资金筹集与资本成本、盈亏平衡分析、敏感性分析、概率分析等基本知识和理论；同时利用工程经济学的基本知识作支撑，介绍了可行性研究、价值工程、设备更新分析、房地产项目经济分析等专业拓展内容。这些内容可以满足工程管理类专业的本专科学生专业学习要求。

本书由山西建筑职业技术学院王胜担任主编，由荀慧霞、苗青、左亚静担任副主编。其中第1章、第9章由山西建筑职业技术学院王胜编写，第2章、第4章由山西建筑职业技术学院左亚静编写，第3章、第6章由山西建筑职业技术学院荀慧霞编写，第5章、第7章、第8章由山西建筑职业技术学院苗青编写，全书由王胜统稿。

本书在编写过程中，参考和引用了国内外众多学者的著作，在此表示衷心的感谢。

由于编者能力有限，本书难免有遗漏和错误之处，敬请各位读者批评指正。

编　者

第1章 工程经济学概述

【知识目标】

◆ 了解工程经济学的发展历史。

◆ 熟悉工程经济学涉及的概念。

◆ 掌握技术方案经济效果评价的基本原则。

【技能目标】

对工程经济学这一学科有基本的认识，运用技术方案经济效果评价的基本原则分析实际工程经济现象。

【引言】

我们生活在一个资源有限的世界里，合理分配和有效利用现有资源——资金、原材料、能源、劳动力——来满足社会的需要，是我们面临的一项艰巨任务。从个人投资到重大项目建设，都需要进行经济分析，在此过程中，我们会遇到这样的问题：这项投资能收回吗？投资的报酬有多大？风险有多大？投资方案如何选择？要回答或解决这些问题，工程经济学这门学科就成为不可或缺的工具。

1.1 工程经济学涉及的概念及要点

1.1.1 工程

工程是指土木建筑或其他生产、制造部门用比较大而复杂的设备来进行的工作，如土木工程、机械工程、交通工程、化学工程、采矿工程和水利工程等。

一项工程能被人们所接受，必须做到有效，即必须具备两个条件：一是技术上的可行性，二是经济上的合理性。在技术上无法实现的项目是不可能存在的，因为人们还没有掌握它的客观规律；如果一项工程只是技术上可行，而忽略了经济上的合理性，也同样是不能被接受的。人们发展技术、应用技术的根本目的，在于提高经济活动的合理性，也就是经济效益。因此，为了保证工程技术更好地服务于经济，最大限度地满足社会需要，就必须研究、寻找技术与经济的最佳结合点，这样才能在具体目标和条件下，获得投入产出的最大效益。

1.1.2 技术

技术就是把在科学研究、生产实践中所获得的经验和知识以最有效的方式应用在自然资源中，以形成能满足人们需要的运动系统。

从上述定义中可以看出，技术的应用性是十分明显的。科学家的作用是发现宇宙间各种现象的规律来丰富人类的知识宝库，而工程师的作用是把这些知识应用于特定的系统中，为社会提供商品和服务。对于工程师来说，掌握知识本身并不是目的，知识只是构建各种运动系统时所需原材料中的一种。因此，技术作为一个系统，既不是知识、能力或物质手段三者中任何一个孤立的部分，也不是三者简单的机械组合，而是在解决特定问题中体现的有机整体。从表现形态上看，技术可分成体现为机器、设备、基础设施等生产条件和工作条件的物质技术(硬技术)，以及体现为工艺、方法、程序、信息、经验、技巧、技能和管理能力的非物质技术(软技术)。不论是物质技术还是非物质技术，它们都是以科学知识为基础形成的，并且遵循一定的科学规律互相结合在生产活动中共同发挥作用。

在不同的历史阶段，对技术的含义有着不同的认识。例如，在人类社会的早期，由于人们多从事手工劳动，因此仅将技术理解为劳动技巧和技能。到了机器大工业阶段，人们由于更多地看到了劳动工具的巨大作用而认为技术是劳动手段的总和。社会只有发展到现代，人们对技术的认识才更加全面。当今社会，技术对社会经济发展和人类文明进步有极大的促进作用，反过来，人们物质文化生活水平的改善又对技术提出了更高的要求，同时也推动技术水平的不断提高。

1.1.3 经济

"经济"是一个多义词，工程经济学中所说的"经济"属于经济学的范畴，可以理解为社会生产与再生产过程以及与之相关的政策、制度等方面的总和，通常涵盖以下四方面的含义。

(1) 经济是指生产关系，这时一般称为经济基础。经济基础是人类社会发展到一定阶段的社会经济制度，是生产关系的总和，是政治和思想意识等上层建筑赖以建立的基础。

(2) 经济是指一国国民经济的总称，或指国民经济的各部门，如工业经济、农业经济和运输经济等。

(3) 经济是指社会生产和再生产，即指物质资料的生产、交换、分配、消费的现象和过程。

(4) 经济是指节约或节省。

1.1.4 技术与经济的关系

技术实践活动常常要面临两个彼此相关且至关重要的环境，一个是技术环境，另一个是经济环境。技术环境是社会生产活动的基础，经济环境是物质环境的服务对象。在技术环境中，只有遵循自然科学的规律，才能保证生产出高质量的产品和提供满意的服务。但是，产品和服务的价值取决于它们带给人们的效用，效益的大小往往要用人们愿意为此付出的金钱来衡量，不论技术系统设计得多么精良，如果生产出的产品和劳务不受消费者青睐，这样的技术系统的经济效果就会很低。由此看来，技术兼有自然科学和经济学两方面的特性，技术人员只有了解经济环境，懂得经济规律才能卓有成效地开展工作。

经济环境和技术环境是密不可分的，连接两者的纽带就是技术实践活动。技术环境、技术实践活动以及经济环境三者之间的关系如下。

1. 技术进步是经济发展的重要条件和手段

人类社会发展的历史业已证明，技术进步极大地改变了生产中的劳动手段和方式，改善了劳动条件和环境，使人们在广度和深度上更合理地利用自然资源，加速了信息的流通，造就了发达的商品经济体系，推动了社会经济的发展。

2. 经济环境是技术进步的物质基础

技术进步是有前提和条件的，它的发展不能脱离一定的社会经济基础。任何一项技术的产生和发展，都是由于社会经济发展的需要而引起的，也是在一定的社会经济条件下得以推广和应用的。实践已充分地证明，一个国家、一个行业、一个企业的技术选择和技术发展，在很大程度上受其经济实力的制约。

3. 经济的发展为技术的进步提出了新的要求和发展方向

随着经济的发展和人民生活水平的提高，人们的需求也在不断增长，对生产、生活不断提出新的要求，技术进步只能循此方向向前推进，才能满足经济发展的要求。

4. 技术和经济协调发展

取得最大经济效益的途径，只能是技术和经济的协调发展，脱离了技术进步的经济发展是不可能长久的，技术进步必须以经济效益为最终目标。任何不顾经济效益而片面追求技术先进性的行为，以及只追求眼前利益而不重视技术进步的做法，都将事与愿违。

在技术环境中，问题的边界是容易确定的，工程技术人员可以根据用严密的数学公式表达的自然科学规律进行推理，找到问题的精确解。与技术环境便于逻辑思维的特性相比，经济环境更适合于形象思维，因为在经济系统中资源的有效利用方式要受到人的行为动机的驱使，而对人的行为进行统一的定量描述是较为困难的。在经济环境中，能对人的行为动机和资源优化配置进行合理解释的是各种经济规律。

1.2 工程经济学的概念及相关内容

1.2.1 工程经济学的概念

工程经济学是工程与经济的交叉学科，是研究如何有效利用资源，提高经济效益的学科。

有关工程经济学的定义有很多种，归纳起来主要有以下几种观点。

(1) 工程经济学是研究技术方案、技术政策、技术规划、技术措施等经济效果的学科，通过经济效益的计算以求找到最佳的技术方案。

(2) 工程经济学是研究技术与经济的关系，以期达到技术与经济最佳结合的学科。

(3) 工程经济学是研究生产、建设中各种工程经济问题的学科。

(4) 工程经济学是研究技术因素与经济因素最佳结合的学科。

工程经济学是利用经济学的理论和分析方法，研究经济规律在工程问题中的应用，是分析工程项目方案、技术方案和技术政策等经济效果的一类应用经济学的分支。

1.2.2 工程经济学的研究对象和内容

1. 工程经济学的研究对象

工程经济学的研究对象可以概括为：根据技术与经济对立统一的关系，从理论和方法上研究如何将技术与经济最佳地结合起来，从而达到技术先进、经济合理的目的。具体来说，工程经济学的具体研究对象是技术方案、技术规划和技术政策等技术实践活动中的经济效果问题。

人们在社会生产活动中可利用的资源相对于人们的需要而言总是有限的，因此，如何最有效地利用各种资源，满足人类社会不断增长的物质文化生活的需要是经济学研究的一个基本问题，也是技术实践活动的基本目标。

经济效果是人们在使用技术的社会实践中所得与所费的比较。人们的社会实践是多方面的，它可以是技术政策的制定，也可以是技术规划的制订；可以是生产实践活动，还可以是非生产实践活动。人们从事各种活动都有一定的目的，都会产生一定的效果。由于各种技术实践活动的性质和物质环境不同，因而会取得不同性质的技术效果，如生产效果、军事效果、环境效果、艺术效果、政治效果和社会效果等，但无论从事哪种技术实践活动，都要通过经济环境取得投入物和销售产出物，在特定环境下以货币计量的一定资源消耗和社会有用成果的对比分析，就是经济效果评价。

经济效果可用效率型指标表示为

$$经济效果 = \frac{收益}{费用}$$

或用价值型指标表示为

$$经济效果 = 收益 - 费用$$

经济效果和技术效果是密不可分的，经济效果包含技术效果。当经济利润为正时，生产效率越高，经济效果就越好；在技术效果一定的情况下，产品或服务带给人们的边际效用越大，经济效果就越好。

对技术实践的经济效果进行研究，在我国建设项目的前期决策中已得到广泛的应用。特别是引进了西方的投资项目可行性研究后，更加丰富了经济效果的理论。所谓可行性研究，就是在市场调查的基础上，准确地估计项目的所得与所费，科学地计算项目的效益和费用，通过财务分析和国民经济分析，对各种建设项目的技术可行性和经济合理性进行综合评价。可行性研究的引入，使技术实践的经济效果评估提高到一个新的水平。

工程经济学还要研究如何用最低的寿命周期成本实现产品、作业或服务的必要功能，通过对物质环境的功能分析、功能评价和功能创新，寻求提高经济效果的途径与方法。

世界上第一辆汽车是 19 世纪 80 年代由戴姆勒(Dimler)和本茨(Benz)制造的，由于生产成本太高，在相当长的一段时间内汽车仅是贵族的一种玩物。后来，经过亨利·福特(Henry Ford)的努力，使每辆车的售价降到 1000～1500 美元，进而又降至 850 美元，到 1916 年甚至降到 360 美元，这为汽车的广泛使用创造了条件，最终使汽车工业成为美国经济的一大支柱。汽车工业的发展又推动了钢铁、石油、橡胶等一系列工业部门的发展，同时极大地改变了人们的生活方式。这一事例说明，在保证实现产品(含作业、服务)必要功能的前提下，不断追求更低的寿命周期成本，是提高经济效果的重要渠道，对于社会经济的发展具有重要意义。

2. 工程经济学研究的主要内容

工程经济学研究的内容相当广泛，概括起来，大致包括如下四个部分。

(1) 研究技术创新的规律及其与经济发展的关系，探求如何建立和健全技术创新的机制，为制定有关的经济政策和技术政策提供理论依据。

(2) 宏观、微观工程经济规划的论证。例如，全国的或某一地区的科技发展、经济发展规划的合理性与可行性论证，国家或某一地区某一种资源开采、合理利用的工程经济论证，以及行业发展规划的工程经济论证，等等。

(3) 各级各类建设项目论证。例如，新建项目、技术改造项目、技术引进项目等的工程经济论证。

(4) 各种技术开发、产品开发与设计、工艺选择、设备更新等技术方案、技术措施的工程经济论证等。

1.2.3　工程经济分析的基本步骤

技术实践活动的目的就是要运用科学知识、技术能力和物质手段形成能满足人们需要的经济系统。通常一个完整的技术实践活动可分成确定目标、寻找关键要素、穷举方案、评价方案和决策等几个阶段。

1．确定目标

技术实践活动的第一个阶段就是通过调查研究寻找经济环境中显在和潜在的需求(注：显在需求也称现实需求)，确立工作目标。无数事实说明，技术实践活动的成功与否，并不完全取决于系统本身效率有多高，而取决于系统是否能满足人们的需要。因此，只有通过市场调查，明确了目标，才能更进一步来探讨经济可行性和技术合理性的问题。

2．寻找关键要素

关键要素也就是实现目标的制约因素，确定关键要素是技术实践活动的重要一环，只有找出了主要矛盾，确定了系统的各种关键要素，才能集中力量，采取最有效的措施，为目标的实现扫清道路。

寻找关键要素，实际上是一个系统的分析过程和制定方案的过程，因此，需要树立系统的思想方法，综合运用各种相关的科学知识和技能。

3．穷举方案

关键要素找到后，紧接着要做的工作就是制定各种备选方案。很显然，一个问题可采用多种方法来解决，因而可以制定出许多不同的方案。例如，降低人工费可使用新设备，也可采用简化操作步骤的方法；新设备可降低产品的废品率，但同样的结果也可通过质量控制方法得到。工程经济分析就是多方案选优，如果只有一个方案，决策的意义就不大了，所以穷举方案就是要尽可能多地提出潜在方案。实际工作中往往有这样的情况，虽然在分析时考虑了若干方案，然而，由于恰恰没有考虑更为合理的某个方案，导致了不明智的决策结果。很明显，一个较差的方案与一个更差的方案比较自然会变得有吸引力。技术人员不能仅凭自己的感觉提出方案，因为最经济的方案不一定是技术人员认为最好的方案。有时仔细研究后会发现开始时被拒绝的方案可能就是解决问题的最好方案。穷举方案时，通常有一种方案是什么都不做的方案，也就是维持现状的方案，这个方案也是要考虑的方案之一。

4．评价方案

评价方案是工程经济分析中最常用的方法。从工程技术的角度提出的方案往往都是技术上可行的，但在收益一定时，只有费用最低的方案才是最佳方案，这就需要对备选方案进行经济效果评价。

评价方案时，首先必须将参与分析的各种因素定量化，一般将方案的投入和产出转化为用货币表示的收益和费用，即确定各对比方案的现金流量，并估计现金流量发生的时点，然后运用数学方法进行综合运算、分析对比，从中选出最优的方案。

5. 决策

决策就是从若干行动方案中选择实施方案，它对技术实践活动的效果有决定性的影响。在决策时工程技术人员应特别注重与决策人员的信息交流，使决策人员充分了解各方案的工程经济特点和各方面的效果，这些效果既包括货币效果，也应包括非货币效果，从而使决策最大限度地建立在科学研究的基础之上。

1.2.4　技术方案经济效果评价的基本原则与可比条件

1. 技术方案经济效果评价的原则

技术方案比较法是工程经济分析中最常用的方法，也是一项综合性很强的工作，必须用系统分析的观点正确处理各方面的矛盾，以下原则应贯穿在技术方案经济效果评价的始终。

1) 主动分析与被动分析相结合，以主动分析为主

工程经济效果评价，就是要通过事前、事中和事后的分析，把系统的运行控制在最满意的状态。以往人们常把控制理解为目标值与实际值的比较，以及当实际值偏离目标值时，分析其产生偏差的原因，并确定下一步的对策。在技术实践的全过程中进行这样的控制当然是有意义的，但问题在于，这种偏离—纠偏—再纠偏的控制方法，只能在已造成损失和浪费的基础上发现偏离，而不能预防可能发生的偏离，因而只能说是被动控制。近年来，人们将系统论和控制论的研究思想引入工程经济分析，将"控制"立足于事先主动地采取措施，以尽可能地减少以至避免目标值与实际值的偏离，这是主动的、积极的控制方法，也是工程经济效果分析应采取的主要思想方法。

2) 满意度分析与最优化分析相结合，以满意度分析为主

传统决策理论是建立在绝对逻辑基础上的一种封闭式决策模型，它把人视为具有绝对理性的"理性人"或"经济人"，在决策时，会本能地遵循最优化原则(即取影响目标的各种因素的最有利的值)来选择实施方案。美国经济学家赫伯特·西蒙(Herbert Simon)首创的现代决策理论的核心则是"令人满意"准则，他认为，由于人的头脑能够思考和解答问题的容量与问题本身规模相比非常渺小，因此在现实世界里，要采取客观的合理举动，哪怕接近客观合理性也是很困难的。因此，对决策人来说，最优化决策几乎是不可能的。西蒙提出了用"令人满意"准则来代替"最优化"准则，他认为决策人在决策时，可先对各种客观因素、执行人可能采取的行动，以及这些行动可能产生的后果加以综合研究，并确定一套切合实际的衡量标准。如果某一可行方案符合这种衡量标准，并能达到预期的目标，则这一方案便是令人满意的方案，可以采纳。否则应对原衡量标准作适当的修改，进行下

一轮方案选择。

3) 差异分析与总体分析相结合，以差异分析为主

进行经济效果分析，一般只考虑各技术方案的差异部分，不考虑方案的相同部分，因而可把方案之间的共同点省略，这样既可以减少工作量，又使各对比方案之间的差别一目了然。但在省略时，一定要保证舍弃的确实是方案之间的相同部分，因为哪怕是微小的差异也会使分析结果产生变化。

4) 动态分析与静态分析相结合，以动态分析为主

动态分析与静态分析的区别在于在计算评价项目或方案的评价指标时是否考虑时间因素。静态分析不考虑时间因素，因而计算简便，但是时间因素的客观存在使得采用这种分析方法得出的结论并不准确。动态分析是考虑资金的时间因素，进行动态的价值判断，即将项目建设和生产不同时间段上资金的流入、流出折算成同一时点的价值，变成可加性函数，从而为不同项目或方案的比较提供同等的基础，这对于提高决策的科学性和准确性有重要的作用。

5) 定量分析与定性分析相结合，以定量分析为主

技术方案的经济分析，是通过项目建设和生产过程中的费用-效益计算，给出明确的数量概念，进行事实判断。过去，由于缺乏必要的定量分析计算手段，对一些本应定量的因素往往只能笼统地定性描述。应该强调，凡可量化的经济要素都应做出量的表述，这就是说，一切技术方案都应尽可能通过计算定量指标将隐含的经济价值揭示出来。

6) 价值量分析与实物量分析相结合，以价值量分析为主

不论是财务评价还是国民经济评价，都要设立若干实物指标和价值指标。在计划经济下，我国往往侧重于考虑生产能力、实物消耗、产品产量等指标。在目前的市场经济条件下，应把投资、劳动力、信息、资源和时间等因素都量化为用货币表示的价值因素，对任何项目或方案都用具备可比性的价值量去分析，以便于项目或方案的取舍和判别。

7) 全过程效益分析与阶段效益分析相结合，以全过程效益分析为主

技术实践活动的经济效果，是在目标确定、方案提出、方案选优、方案实施以及生产经营活动的全过程中体现出来的，忽视哪一个环节都会前功尽弃。在全过程效益分析中，还必须重点突出。以前，我国普遍重视工程项目投产后的经济效益，对基本建设过程的经济效果重视不够；在基本建设工作中，又普遍忽视工程建设项目前期工作阶段的经济分析，而把主要精力放在施工阶段，这样做尽管也有效果，但毕竟是"亡羊补牢"，事倍功半。所以，要有效地提高技术活动的经济效果，就应把工作重点转到工程建设项目的前期阶段上来，未雨绸缪，以取得事半功倍的效果。

8) 宏观效益分析与微观效益分析相结合，以宏观效益分析为主

对技术方案进行经济评价，不仅要看其本身获利多少，有无财务生存能力，还要考虑其需要国民经济付出多大代价及其对国家的贡献。如果项目自身的效益是以牺牲其他企业的利益为前提，或使整个国民经济付出了更大的代价，那么对全社会来说，这样的项目就是得不偿失的。我国现行经济效果评价方法规定，项目评价分为财务评价与国民经济评价两个层次，当两个层次的评价结论发生矛盾时，一般情况下，应以国民经济评价的结论为

主来考虑项目或方案的取舍。

9) 预测分析与统计分析相结合，以预测分析为主

对技术方案进行分析，既要以现有状况为基础，又要做有根据的预测。在预测时，往往要以统计资料为依据，除了对现金流入与流出量进行常规预测外，还应对某些不确定性因素和风险做出估算，包括敏感性分析、盈亏平衡分析和概率分析。

2．技术方案经济效果评价的可比条件

为了在对各项技术方案进行评价和选优时，能全面、正确地反映实际情况，必须使各方案的条件等同化，这就是所谓的"可比性问题"。由于各个方案涉及的因素是极其复杂且多样化的，所以不可能做到绝对的等同化，何况其中还包括一些目前还不能加以定量表达的所谓不可转化因素。因此，在实际工作中我们只能做到受经济效果影响较大的主要方面达到可比性的要求。一般要求在各方案之间达到以下四个可比性要求。

1) 使用价值的可比

使用价值的主要内容有数量、质量、品种等。两个方案，如果使用价值不同，是不能进行比较的。例如，有两个混凝土贮油池，一个容积为 6 m³，另一个容积为 3 m³，我们就不能直接比较两者的贵贱，也不能用 6 m³ 油池一半的价格来与 3 m³ 油池相比。在这种情况下，最好把它们折算为每单位时间内每吊运 1 m³ 混凝土所对应的投资额或成本费用后才能相比。

2) 相关费用的可比

所谓相关费用，就是如何确定合理计算方案费用的范围。两个方案，如果计算费用的范围不合理，也没有可比性。例如，在为隧洞开挖选择出渣设备时，推了两个方案：风动装岩机方案及电动装岩机方案。如果我们只以两种不同装岩机本身的购置费用比较，那就将分析比较引入歧途。因为要使这两种装岩机实际发挥生产效益需要一系列配套装置，所以必须同时计入需增添的空气压缩机、风管及电源设施等费用。

3) 时间因素的可比

技术方案的经济效果，除了数量的概念以外，还具有时间的概念。比如，有两个技术方案，它们的产品产量、投资、成本完全相同，但时间上有差别，其中一个投产较早，而另一个投产较晚；或者一个投资早，另一个投资晚；或者一个方案的使用寿命长，另一个方案的使用寿命短。在这种情况下，这两个方案的产出即使相同，也不能简单地进行比较。必须考虑时间因素的影响，计算资金的时间价值。

4) 价格的可比

几乎绝大部分效益和费用都是在价格的基础上计算出来的，因此，价格体系是否合理是方案比较中必须考虑的问题。我国现行的价格体系不尽合理，表现为工农业产品比价不合理；资源性产品与加工性产品价格比价不合理；公用事业价格比价不合理；质量与技术处于不同层次的产品比价不合理。这些不合理因素，使不同技术方案缺乏价格的可比性，若按现行价格进行评价，其结果往往带有片面性。因此在方案比较中，对产出物和投入物的价格应尽量采用可比价格。

可比性所涉及的问题远不止上述四种，还有定额标准、安全系数等，分析人员认为必要时，可自行斟酌决定。总之，满足可比条件是方案比较的前提，必须遵守。

1.3　工程经济学的产生和发展

工程经济学，是随着科学技术水平的不断提高及社会的进步产生和发展起来的。1800年以前，科学技术随着工具的变革，推动社会经济的发展和进步，但是其速度极为缓慢。由于技术十分落后，人们看不到技术对经济的促进作用，只是就技术而论技术。1800年以后，由于科学技术的迅猛发展，一下子改变了世界格局，拉大了发达国家与落后国家的差距。以蒸汽机、发电机、计算机和高新技术为代表的新技术群的兴起和普及，带来人类社会的四次经济繁荣，人们逐渐认识到科学技术是经济发展的"有力杠杆"，科学技术必须为经济建设服务。1886年美国的亨利·汤恩(Henley Town)发表了《作为经济学家的工程师》，提出要把对经济问题的关注提高到与技术同等重要的地位。1887年，美国的惠灵顿(Wellington)发表了《铁路定线的经济理论》，对经济合理的线路提出了应遵循的原则。

1930年，美国出版了格莱梯教授撰写的《工程经济原理》一书，初步奠定了工程经济学的体系。20世纪30年代之后，尤其是最近十几年，随着数学和计算技术的发展，研究技术与经济关系的学科获得了更快的发展。特别是运筹学、概率论、数理统计等方法在生产建设领域的大量应用，以及系统工程、计量经济学、最优化技术、电子计算机技术的飞跃发展，使得分析和评价工程经济效益及选择技术方案的方法有了新的突破。直接引入工程经济分析的因素和变量不断增多，许多过去无法定量表示的经济因素现在开始计量，一些变化不定的经济因素，逐渐能用数学加以描述和计量，使技术与经济研究进入了一个新的时期。

工业文明和科学技术的发展曾使许多人认为人可以随意征服自然，这种过分的自信和乐观已使人类与大自然维系了几千年的和谐关系受到破坏。1992年，在"联合国环境与发展大会"上，各国领导人签署的《里约宣言》和《21世纪议程》两个重要文件标志着可持续发展的思想已在全世界范围内达成共识。可持续发展意味着在发展的同时要合理利用资源，要保护环境，要注意发展的公平性。因为，人们过去做出的选择决定了现在可能的选择，未来世界的面貌也不完全是未来人做的选择，而是现代人决策及实施的结果，前人的决策失误所造成的艰难局面，就是现代人、未来人被迫接受的痛苦现实。可持续发展的思想赋予了工程经济学更深的内涵，使人们在决策时考虑得更加长远，尽可能为未来留有更多的选择。

在技术实践活动中讲求经济效果，在我国古已有之。战国时，李冰父子设计和修建的都江堰水利工程，巧妙地采用了"鱼嘴"分江、"飞沙堰"排沙、"宝瓶口"引水等技术方案，至今被学者们推崇为中国古代讲求工程经济效果的典范。宋真宗时(约公元1015年)，丁谓主持的皇宫修复工程，由于提出了挖沟取泥制砖、引水行船运载、竣工前回填土等综合而经济的施工组织设计方案，缩短了工期，节约了投资，也被誉为讲求工程经济效果的范例。

在新中国成立后的第一个五年计划期间，我国学习苏联的工程经济论证方法，对重点投资项目进行了工程经济论证，作为投资决策的依据。正是由于重视了经济分析，使得我国"一五"期间建设的工程项目大多具有较好的经济效益。但当时的工程经济分析也受到了计划经济模式的影响，不讲资金的时间价值，讳言利润的最佳化，难以动态地计算资金的收益率。

第二个五年计划初期，由于出现"左"的思想，片面追求速度，否定工程经济分析的必要性，使生产建设和国民经济遭受了巨大损失。沉痛的教训，使人们又一次认识到工程经济的重要性。因此，1962年我国制定《1963—1972年科学技术发展规划纲要》时，工程经济被列为10年科学技术规划六个重大科研课题(资源、工业、农业、医药卫生、基础科学、工程经济)之一。这一时期工程经济研究比较活跃，但很快又遭受"文革"摧残。20世纪80年代以后，我国的工程经济研究又重新得到广泛的重视，在《1978—1985年全国科学技术发展规划纲要》中工程经济又被列为108项全国科研重点项目。此后，在全国范围内成立了工程经济研究会，国家教委规定工程经济学为工科和财经院校的必修课，中国社会科学院和中央各部委及其下属的设计、生产部门都先后成立了工程经济研究机构，国务院也成立了工程经济中心。这样，在全国形成了一支强大的工程经济工作者队伍，为这门学科的发展和应用奠定了基础，使我国在吸收和借鉴国外先进经验的同时建立起了较完整的工程经济学的学科体系。

现今，世界正进入以信息革命为主的新一轮技术革命，各国的经济竞争、科技竞争、人才竞争日益激烈。中国要在这个工程经济实力的竞争中立于不败之地，就必须建立起完善的社会主义市场经济新体制，必须尽快地把过去片面追求产量、产值、速度，实行高投入、低产出的粗放型为主的经济增长方式，转变为高质量、高效益、高生产率的、集约型为主的增长方式上来。在这个历史性的转变过程中，工程经济学作为一个有力的武器，将大有用武之地。

思考与练习

1. 怎样理解技术和经济的关系？
2. 工程经济分析的基本步骤有哪些？
3. 技术方案经济效果评价的原则有哪些？
4. 工程经济分析人员应具备哪些知识和能力？

第2章　资金的时间价值

【知识目标】

◆ 了解现金流量的分类。

◆ 熟悉现金流量的概念。

◆ 掌握现金流量图的绘制方法、资金时间价值的概念，以及单利与复利，名义利率与实际利率，一次支付、等额多次支付的计算。

【技能目标】

以现金流量图为工具，以等值计算的方法和公式为手段，分析和解决实际问题。

【引言】

对于今天的 10 000 元和 5 年后的 10 000 元，你会选择哪一个呢？很显然，是今天的 10 000 元，为什么？事实上，你已经承认了资金的时间价值。本章主要介绍资金时间价值的有关知识。

2.1　现　金　流　量

2.1.1　现金流量概述

现金流量管理是现代企业理财活动的一项重要职能，建立完善的现金流量管理体系，是确保企业生存与发展、提高企业市场竞争力的重要保障。

项目在其寿命期内，总可以表现为投入一定量的资金，花费一定量的成本，通过产品销售获得一定量的货币收入。在技术经济分析中，我们把项目视为一个系统，整个过程中所投入的资金、花费的成本、获得的收益，都是发生在一定的时间点上，这些资金的流入或流出，都是现金流量。现金包括银行存款、库存现金和现金等价物等，但不包括应付账款和应收账款。

所谓现金流量是指拟建项目在整个项目计算期内各个时点上实际所发生的现金流入、流出，以及流入与流出的差额(又称为净现金流量)。现金流量一般以计息期(年、季度、月等)为时间量的单位，用现金流量表来表示。

流入系统的资金称为现金流入，流出系统的资金称为现金流出，现金流入与现金流出之差称为净现金流量。技术经济分析的目的就是要根据特定系统所要达到的目标和拥有的资源条件，考察系统在从事某项经济活动过程中的现金流入与现金流出，选择合适的技术方案，以获取最好的经济效果。

对于一个建设项目来说，投资、折旧、经营成本、销售收入、税金和利润等经济量是构成经济系统现金流量的基本要素，也是进行技术经济分析最重要的基础数据。

2.1.2　现金流量的分类

现金流量按技术经济分析的范围和经济评价方法的不同分为以下两类。

1. 财务现金流量

财务现金流量主要包括项目财务现金流量、资本金财务现金流量、投资各方财务现金流量。财务现金流量主要用于工程项目财务评价。

2. 国民经济效益费用流量

国民经济效益费用流量主要包括项目国民经济效益费用流量、国内投资国民经济效益费用流量、经济外汇流量。国民经济效益费用流量主要用于工程项目国民经济评价。

2.1.3　现金流量图

一个项目的实施，在建设、生产经营过程中，总有资金的流入和流出，各种资金流入和流出的数额和发生的时间都不尽相同。为了正确地进行技术经济分析和计算，就需借助现金流量图。所谓现金流量图就是一种描述现金流量作为时间函数的图形，即把项目经济系统的资金流量绘入时间坐标图中，表示出各项资金流入、流出与相应的对应关系，它能表示资金在不同时间点流入与流出的情况。现金流量图包括三大要素：大小、流向、时间点。其中大小表示资金数额，流向指项目的现金流入或流出，时间点指现金流入或流出所发生的时间，如图 2-1 所示。

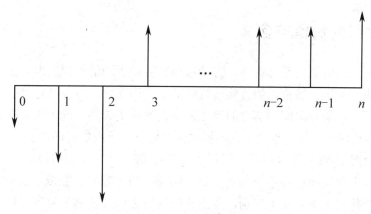

图 2-1 现金流量图

对图 2-1 要做的说明如下。

(1) 水平轴称为时间轴，表示一个从 0 开始到 n 的时间序列，每一个刻度表示一个计息周期，比如说按年计息，则时间轴上的刻度单位就为年。在时间轴上 0 代表时间序列的起始点(表示投资起始点或评价时刻点)，从 1 到 n 分别代表各计息期的终点(结束点)。除 0 和 n 以外，每个数字都有两个含义，如 2，它既代表第二个计息期的终点(结束)，又代表第三个计息期的始点(开始)。

(2) 纵向箭线用来描述现金流量，箭头向上表示现金流入，箭头向下表示现金流出。箭线的长度与流入或流出的金额成正比，金额越大，其相应的箭线的长度就越长，并在各箭线上方(或下方)注明该现金流量的数值。

(3) 现金流量的性质(流入与流出)是对特定的主体而言的，现金流量图因借贷双方"立脚点"不同，理解也不同。贷款人的流入就是借款人的流出或归还借款，反之亦然。通常，现金流量的性质是从资金使用者的角度来确定的。

(4) 如果没有特别说明，现金流量是发生在每期的期初还是期末呢？一般假定现金流入发生在每期期末，现金流出发生在每期期初。每期期初不一定是年初，期末不一定是年末。比如某项目 2012 年 7 月 1 日开始投资，则期初和期末可定在以后各年的 7 月 1 日。

现金流量图是经济分析的有效工具，其重要性有如力学计算中的结构受力图，是正确进行经济分析计算的基础。

2.2　资金时间价值的含义与计算

货币如果作为社会生产资金参与再生产的过程中即会得到增值，带来利润，也就是我们常说的"时间就是金钱"。

2.2.1　资金时间价值的含义

在市场经济中，资金是劳动资料、劳动对象和劳动报酬的货币表现。由于通货膨胀、承担风险、货币增值等，使货币的价值随时间的变化而变化。这种使资金在生产经营及其循环、周转过程中，随着时间的变化而产生的增值就是资金的时间价值。资金的时间价值随着时间的推移而发生变化，也就是说同样数额的资金在不同的时间点上具有不同的价值。

例如，我们把 1000 元存入银行，年利率为 3%，那么，一年后可得 1030 元。这说明资金随着时间的流逝在流通过程中产生了增值。同理，两笔等额的资金，由于发生在不同的时间点，它们在价值上就存在着差别，发生在前的资金价值要高于发生在后的资金价值。产生这种现象的根源在于资金具有时间价值。

资金的时间价值有两个含义：其一是将货币用于投资，通过资金的运动而使资金增值；其二是将货币存入银行，相当于个人失去对这笔资金的使用权，按时间计算这种牺牲的代价。

资金的时间价值在市场经济中，具体以利息和利润的形式表现出来。

2.2.2　单利与复利

利息和利率是衡量资金时间价值的尺度，故计算资金的时间价值即是计算利息的方法。

利息有单利和复利之分。当计息周期在一个以上时，就需要考虑"单利"与"复利"的问题。复利是相对单利而言的，是以单利为基础来进行计算的。所以要了解复利的计算，必须先了解单利的计算。

1. 单利的计算

所谓单利是指利息与时间呈线性关系，即只对本金计算利息，而对每期的利息不再计息，从而每期的利息是固定不变的一种计算方法，即通常所说的"利不生利"的计息方法。其利息计算公式为

$$I_n = Pin \tag{2-1}$$

式中：I_n——n 个计息期末的利息总额；

　　　P——本金；

　　　i——计息期单利利率；

n——计息期。

而 n 期末单利本利和 F 等于本金加上利息，即

$$F = P(1 + in) \tag{2-2}$$

式中： F——第 n 期期末的本利和。

在计算本利和 F 时，要注意式中 n 和 i 反映的时期要一致。如 i 为年利率，则 n 应为计息年数；若 i 为月利率，则 n 应为计息的月数，以此类推。

例 2-1 有一笔 60 000 元的借款，借期 4 年，按每年 8% 的单利率计息，试求到期时应归还的本利和为多少。

解： 用单利法计算，其现金流量图如图 2-2 所示。

根据式(2-2)可得

$$F = P(1 + in) = 60\,000 \times (1 + 8\% \times 4) = 79\,200(元)$$

即到期应归还的本利和为 79 200 元。

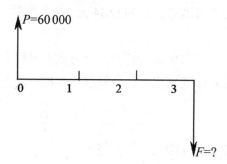

图 2-2 现金流量图

单利法虽然考虑了资金的时间价值，但仅是对本金而言，而没有考虑每期所得利息再进入社会再生产过程从而实现增值的可能性，这是不符合资金运动的实际情况的，没有反映资金随时都在"增值"的概念。因此单利法由于未能完全反映资金的时间价值，在应用上有局限性，通常仅适用于短期投资及期限不超过一年的借款项目。

2. 复利计算

复利法是在单利法的基础上发展起来的，它克服了单利法存在的缺点，其基本思路是：将前一期的本金与利息之和(本利和)作为下一期的本金来计算下一期的利息。除本金计息外，利息再计利息，也即通常所说的"利上加利""利生利""利滚利"的方法。其利息计算公式为

$$I_n = i \cdot F_{n-1} \tag{2-3}$$

式中：i——计息期复利利率；

F_{n-1}——第 $n-1$ 期期末的复利本利和。

第 n 期期末复利本利和 F_n 的计算公式为

$$F_n = P(1 + i)^n \tag{2-4}$$

式(2-4)的推导过程如表 2-1 所示。

表 2-1　采用复利法计算本利和的推导过程

计息期数	期初本金	期末利息	期末本利和
1	P	$P \cdot i$	$F_1 = P + P \cdot i = P(1+i)$
2	$P(1+i)$	$P(1+i) \cdot i$	$F_2 = P(1+i) + P(1+i) \cdot i = P(1+i)^2$
3	$P(1+i)^2$	$P(1+i)^2 \cdot i$	$F_3 = P(1+i)^2 + P(1+i)^2 \cdot i = P(1+i)^3$
…	…	…	…
$n-1$	$P(1+i)^{n-2}$	$P(1+i)^{n-2} \cdot i$	$F_{n-1} = P(1+i)^{n-2} + P(1+i)^{n-2} \cdot i = P(1+i)^{n-1}$
n	$P(1+i)^{n-1}$	$P(1+i)^{n-1} \cdot i$	$F_n = P(1+i)^{n-1} + P(1+i)^{n-1} \cdot i = P(1+i)^n$

例 2-2　在例 2-1 中,若年利率仍为 8%,但按复利计算,则到期应归还的本利和是多少?

解：用复利法计算，根据复利计算公式(2-2)得

$$F_n = P(1+i)^n = 60\,000 \times (1+8\%)^4 = 81\,629.34(\text{元})$$

与采用单利法计算的结果相比增加了 2429.34 元,这个差额所反映的就是利息的资金时间价值。

复利法完全体现了资金的时间价值,符合社会再生产过程中资金运动的实际情况,是国外普遍采用的计息方法,也是我国现行信贷制度正在推行的方法。因此,在工程经济分析中,一般都采用复利法。

2.2.3　名义利率与实际利率

前面讨论的都是计息周期以年为单位的情况,但实际应用中,计息周期并不一定以一年为周期,可以按半年、按季度,或按月计息一次,在伦敦、纽约、巴黎等金融市场上,短期利率通常以日计算。因此,同样的年利率,由于在一年中的计息次数不同,本金所产生的利息也就不同。因而,当利率所标明的计息周期单位与计算利息实际所用的利息周期单位不一致时,就出现了名义利率与实际利率的差别。

1. 名义利率

名义利率又称非有效利率。它习惯以一年为计息基础,等于每一计息期的利率与每年的计息期数的乘积。例如,每月存款月利率为 3‰,则名义年利率为 3.6%,即 3‰×12=3.6%。

2. 实际利率

实际利率又称为有效利率,是把各种不同计息期的利率换算成以年为计算期的利率。例如,每月存款月利率为 3‰,则有效年利率为 3.66%,即 $(1+3‰)^{12} - 1 = 3.66\%$。

需要注意的是,在资金的等值计算公式中所使用的利率都是指实际利率。

3. 名义利率与实际利率的应用

设名义利率为 r,一年中计息期数为 m,则每一个计息期的利率为 r/m。若年初借款 P

元，则一年后本利和为

$$F = P(1 + r/m)^m$$

其中本金 P 的年利息 I 为

$$I = F - P = P(1 + r/m)^m - p$$

根据利率定义可知，它等于利息与本金之比。当名义利率为 r 时，实际利率为

$$i = \frac{I}{P} = \frac{F - P}{P} = \frac{P(1 + r/m)^m - P}{P}$$

所以

$$i = \left(1 + \frac{r}{m}\right)^m - 1 \tag{2-5}$$

式中：i ——实际利率；

　　　r ——名义利率；

　　　m ——名义利率所标明的计息周期内实际上复利计息的次数。

由式(2-5)可知，名义利率与实际利率存在下列关系。

(1) 当实际计息周期为 1 年，即 $m = 1$ 时，名义利率与实际利率相等。实际计息周期短于 1 年时，实际利率大于名义利率。

(2) 名义利率不能完全反映资金的时间价值，实际利率才真实地反映了资金的时间价值。

(3) 实际计息周期相对越短，即 m 越大，实际利率与名义利率的差值就越大。

由此可以看出，同一笔资金在占用总时间相同的情况下，所付的利息会有明显的差别。结算次数越多，给定利率产生的利息就越多。因此，在进行方案的经济比较时，必须先把各方案中的名义利率全部换算成实际利率，然后进行比较。在复利计算中，对于名义利率有两种处理方法：其一是将名义利率换算成实际利率，再计算复利；其二是将周期利率代入复利公式，复利次数变为 mn 次。

例 2-3　某厂向外商订购设备，有两家银行可以提供贷款，甲银行年利率为 8%，按月计息；乙银行年利率为 9%，按半年计息，均为复利计算。试比较哪家银行贷款条件优越？

解：企业应当选择具有较低实际利率的银行贷款。

分别计算甲、乙银行的实际利率。

$$i_甲 = \left(1 + \frac{r}{m}\right)^m - 1 = \left(1 + \frac{8\%}{12}\right)^{12} - 1 = 8.30\%$$

$$i_乙 = \left(1 + \frac{r}{m}\right)^m - 1 = \left(1 + \frac{9\%}{2}\right)^2 - 1 = 9.20\%$$

由于 $i_甲 < i_乙$，故企业应选择向甲银行贷款。

2.3　资金等值的计算

2.3.1　资金等值的概念

在工程经济分析中，为了正确地评价投资项目的经济效果，必须对项目的整个计算期内不同时间点上所发生的全部投资收入和支出进行计算和分析，即要比较发生在不同时间点上各种资金的真实价值。由于资金的时间价值客观存在，致使不同时间点上发生的现金流量其数值不能直接相加或相减，资金必须和时间结合，才能表现出其真正的价值。这里我们采用一种称为资金等值计算的方法将不同时间点上发生的现金流量换算为同一时间点上等价的现金流量，然后进行计算和分析。因此，我们需要用到资金等值的概念。

资金等值是指在时间因素的作用下，发生在不同时间点、金额不等的资金却具有相同的价值。在技术经济分析中，等值是一个很重要的概念，它是评价、比较不同时期资金使用效果的重要依据。

例如，当年利率为3%时，现在的1000元，等值于第1年年末的1030元，或第5年年末的1159元，或第10年年末的1343元，或第20年年末的1806元。

利用等值的概念，可以把在一个(一系列)时间点发生的资金金额换算成另一个(一系列)时间点等值的资金额，这样的一个转换过程就称为资金的等值计算。

资金等值的特点是，在利率大于零的条件下，资金的数额相等，发生的时间不同，其价值肯定不等；资金的数额不等，发生的时间也不同，其价值却可能相等。

2.3.2　计算资金时间价值的相关概念

为了计算资金的时间价值，不仅要利用现金流量图对资金进行分析和计算，而且要掌握资金时间价值的相关概念及其含义(具体内容如下)。

(1) 利率 i，也称折现率或贴现率。在工程经济分析中把根据未来的现金流量求现在的现金流量时所使用的利率称为折现率。本书中利率和折现率一般不加以区分。

(2) 计息次数 n，是指投资项目在从开始投入资金(开始建设)到项目的寿命周期终结为止的整个期限内，计算利息的次数。

(3) 现值 P，是指资金发生在某一特定时间序列始点上的价值。在工程经济分析中，现值表示在现金流量图中0点的投资数额或投资项目的现金流量折算到0点时的价值。

(4) 终值 F，是指资金发生在某一特定时间序列终点上的价值。其含义是指期初投入或产出的资金转换为计算期末的终值，即期末本利和的价值。

(5) 年金 A，是指各期等额收入或支付的金额，通常以等额序列表示，即在某一特定时间序列期内，每隔相同时间收支的等额款项。

在工程经济分析中，以上五个参数只要已知三个，就可以求出另外两个。其中，利率 i

是核心，在进行工程经济分析中，常根据利率做出决策。

2.3.3　资金等值计算的基本公式

决定资金等值的因素是：①资金数额；②金额发生的时间；③折现率。在考察资金等值的问题中通常都以同一利率作为比较、计算的依据。

根据支付方式和等值换算时间点的不同，资金等值计算公式可分为两类：一次支付类型和等额支付类型。

1. 一次支付类型

一次支付又称整付，是指所分析的系统的现金流量，无论是流入还是流出均在某一个时点上一次发生，它包括两个计算公式。

1) 一次支付终值复利公式

如果有一笔资金，按年利率 i 进行投资，n 年后本利和应该是多少？也就是已知 P、i、n，求终值 F。解决此类问题的公式称为一次支付终值公式，其计算公式为

$$F = P(1+i)^n \tag{2-6}$$

式(2-6)表示在利率为 i、计息期数为 n 的条件下，终值 F 和现值 P 之间的等值关系。

一次支付终值公式的现金流量图如图 2-3 所示。

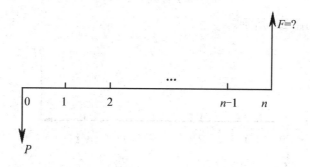

图 2-3　一次支付终值复制公式现金流量图

在式(2-6)中，$(1+i)^n$ 又称为终值系数，记为 $(F/P, i, n)$。

这样式(2-6)又可写为

$$F = P(F/P, i, n) \tag{2-7}$$

在实际应用中，为了计算方便，通常按照不同的利率和计息期 n，分别计算出 $(1+i)^n$ 的值，排列成一个表，称为终值系数表(见附录)。在计算时，根据 i 和 n 的值，查表得出终值系数，然后与 P 相乘即可求出 F 的值。

例 2-4　某人把 1000 元存入银行，银行年利率为 4%，计算 3 年后该笔资金的实际价值。

解：这是一个已知现值求终值的问题，其现金流量图如图 2-4 所示。

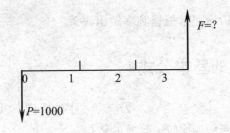

图2-4　现金流量图

由式(2-6)可得

$$F = P(1+i)^n = 1000 \times (1+4\%)^3 = 1124.9(元)$$

即 1000 元资金在年利率为 4%时，经过 3 年后变为 1124.9 元，增值 124.9 元。

这个问题也可以利用式(2-7)查表计算求解。

由复利系数表(见附录)可查得：$(F/P, 4\%, 3)=1.1249$，所以

$$F=P(F/P, i, n)=P(F/P, 4\%, 3)=1000 \times 1.1249=1124.9(元)$$

2) 一次支付现值复利公式

如果我们希望在 n 年后得到一笔资金 F，在年利率为 i 的情况下，现在应该投资多少钱？也即已知 F、i、n，求现值 P。解决此类问题用到的公式称为一次支付现值公式，其计算公式为

$$P = F(1+i)^{-n} \tag{2-8}$$

其现金流量图如图 2-5 所示。

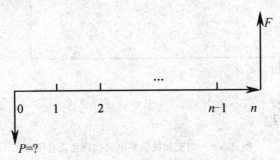

图2-5　一次支付现值复制公式现金流量图

在式(2-8)中，$(1+i)^{-n}$ 又称为现值系数，记为 $(P/F, i, n)$，它与终值系数 $(F/P, i, n)$ 互为倒数，可通过查表求得，因此式(2-8)又可写为

$$P = F(P/F, i, n) \tag{2-9}$$

例 2-5　某企业 6 年后需要一笔 400 万元的资金，以作为某项固定资产的更新款项，若已知年利率为 4%，问现在应存入银行多少钱？

解：这是一个根据终值求现值的问题，其现金流量图如图 2-6 所示。

根据式(2-8)可得

$$P = F(1+i)^{-n} = 400 \times (1+4\%)^{-6} = 400 \times 0.7903 = 316.13(万元)$$

即现在应存入银行 316.13 万元。

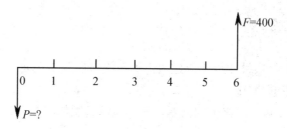

图 2-6　一次支付求现值的现金流量图

也可以利用式(2-9)查表计算求解。

由复利系数表(见附录)可查得：$(P/F, 4\%, 6)=0.7903$，所以

$$P = F(P/F, i, n)= F(P/F, 4\%, 6)=400\times0.7903=316.13(万元)$$

2. 等额支付类型

等额支付的分析中需要满足三个条件：系统中的现金流量发生在各个时间点；现金发生的时间间隔相等；现金流量额的大小及流向相同。它包括以下四个基本公式。

1) 等额支付序列年金终值复利公式

等额支付序列年金终值复利的含义是：在一个时间序列中，在利率为 i 的情况下连续在每个计息期期末支付一笔等额资金 A，求 n 年后可得本利和的大小，也即已知 A、i、n，求 F，类似于我们平常储蓄中的零存整取。其现金流量图如图 2-7 所示。

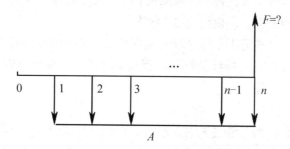

图 2-7　等额支付序列年金终值复制公式的现金流量图

各期期末年金 A 相对于第 n 期期末的本利和可用表 2-2 表示。

表 2-2　普通年金复利终值计算表

期　数	1	2	3	…	$n-1$	n
每期期末年金	A	A	A	…	A	A
第 n 期期末年金终值	$A(1+i)^{n-1}$	$A(1+i)^{n-2}$	$A(1+i)^{n-3}$	…	$A(1+i)$	A

$$F = A(1+i)^{n-1} + A(1+i)^{n-2} + A(1+i)^{n-3} + \cdots + A(1+i) + A$$

即

$$F = A\frac{(1+i)^n - 1}{i} \tag{2-10}$$

式(2-10)即为年金终值复利公式，式中 $\dfrac{(1+i)^n - 1}{i}$ 称为年金终值系数，记为 $(F/A, i, n)$，因

此式(2-10)也可以表示为

$$F=A(F/A, i, n) \tag{2-11}$$

例 2-6 某大型工程项目计划 5 年建成，每年年末投资 2 亿元，设年利率为 7%，求第 5 年年末的实际累计总投资额。

解： 这是一个已知年金求终值的问题，其现金流量图如图 2-8 所示。

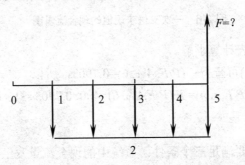

图 2-8　现金流量图

根据式(2-10)可得

$$F = A \frac{(1+i)^n - 1}{i} = 2 \times \frac{(1+7\%)^5 - 1}{7\%} = 11.5(\text{亿元})$$

此题表示若全部资金是贷款得来，需要支付 1.5 亿元的利息。

也可以通过查复利系数表，根据式(2-11)得出。

必须注意的是，该公式适用于等额现金流量是从 1 点处开始持续到 n 点。如果 0 点处有现金流量，或年金序列没有持续到终点，那么需要进行简单变形后才能用公式，后面的几个公式也要注意这个问题。

2) 偿债基金公式

偿债基金的含义是：为了筹集未来 n 年后需要的一笔偿债资金，在利率为 i 的情况下，求每个计息期末应等额存储的金额，也即已知 F、i、n，求 A，类似于我们日常商业活动中的分期付款业务。其现金流量图如图 2-9 所示。

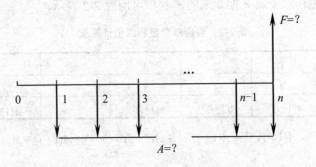

图 2-9　偿债基金公式的现金流量图

如图 2-9 所示，偿债基金公式是年金终值公式的逆运算，因此其计算公式可根据式(2-10)推导得出：

$$A = F \frac{i}{(1+i)^n - 1} \tag{2-12}$$

式(2-12)中的 $\dfrac{i}{(1+i)^n - 1}$ 称为偿债基金系数，记为 $(A/F, i, n)$，它与年金终值系数 $(F/A, i, n)$ 互为倒数。因此，式(2-12)又可写为

$$A = F(A/F, i, n) \tag{2-13}$$

例 2-7　某企业 5 年后需要一笔 50 万元的资金用于技术改造，如果年利率为 5%，问该企业从现在起每年应存入银行多少钱？

解：这是一个已知终值求年金的问题，其现金流量图如图 2-10 所示。

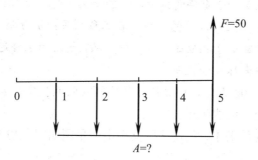

图 2-10　已知终值求年金的现金流量图

根据式(2-12)及式(2-13)可得

$$A = F \frac{i}{(1+i)^n - 1}$$
$$= F(A/F, i, n)$$
$$= 50 \times (A/F, 5\%, 5)$$
$$= 50 \times 0.1810$$
$$= 9.05(万元)$$

即每年年末应存入银行 9.05 万元。

3) 资金回收公式

资金回收的含义是：期初一次投资数额为 P，欲在 n 年内将投资全部收回，则在利率为 i 的情况下，求每年应等额回收的资金，也即已知 P、i、n，求 A。该公式可解释为：当企业负债后，企业每期从收益中提取一笔等额的还贷资金(包括本金和利息)，故提取的这笔资金又称为贷款人的资金回收，其现金流量图如图 2-11 所示。

资金回收公式可根据偿债基金公式和一次支付终值复利高公式来推导，即

$$A = F \frac{i}{(1+i)^n - 1} = P \frac{i(1+i)^n}{(1+i)^n - 1} \tag{2-14}$$

式(2-14)中的 $\dfrac{i(1+i)^n}{(1+i)^n - 1}$ 称为资金回收系数，记为 $(A/P, i, n)$。因此式(2-14)又可写为

$$A = P(A/P, i, n) \tag{2-15}$$

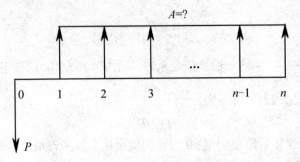

图 2-11　资金回收公式现金流量图

注意：资金回收系数是一个重要的系数，它的含义是对应于工程项目的单位初始投资，在项目寿命周期内每年至少应该回收的金额。在工程项目经济分析中，如果对应于单位初始投资每年的实际回收金额小于相应的资金回收金额，就表示在给定利率 i 的条件下，在项目的寿命周期内不可能将全部投资收回。

例 2-8　某项目投资 100 万元，计划在 8 年内等额收回投资，若已知年利率为 8%，问该项目每年平均净收益至少应达到多少？

解：这是一个已知现值求年金的问题，其现金流量图如图 2-12 所示。

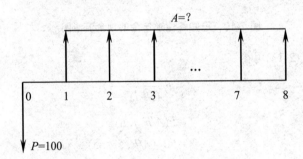

图 2-12　已知现值求年金的现金流量图

根据式(2-14)和式(2-15)，可得

$$A = P \frac{i(1+i)^n}{(1+i)^n - 1}$$

$$= P(A/P, i, n)$$

$$= 100 \times 0.174$$

$$= 17.40(万元)$$

即每年的平均净收益至少应达到 17.40 万元，才可以保证在 8 年内将投资全部收回。

4) 年金现值公式

年金现值的含义是：在 n 年内每年等额收支一笔资金 A，则在利率为 i 的情况下，求此等额年金收支的现值总额，也即已知 A、i、n，求 P。

其现金流量图如图 2-13 所示。

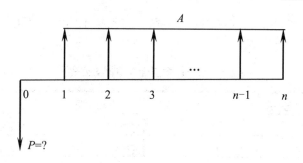

图2-13 年金现值公式的现金流量图

如图2-13所示,年金现值公式是资金回收公式的逆运算,因此其计算公式可根据式(2-14)推导得出:

$$P = A\frac{(1+i)^n - 1}{i(1+i)^n} \tag{2-16}$$

式(2-16)中的$\frac{(1+i)^n - 1}{i(1+i)^n}$称为年金现值系数,它恰好是资金回收系数的倒数,记为$(P/A, i, n)$。因此,式(2-16)又可写为

$$P = A(P/A, i, n) \tag{2-17}$$

例2-9 设立一项公益基金,计划从现在开始10年内每年从中提取50万元用于公益事业,若已知年利率为10%,问现在应存入基金多少钱?

解: 这是一个已知年金求现值的问题,其现金流量图如图2-14所示。

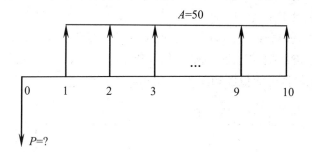

图2-14 已知年金求现值的现金流量图

根据式(2-16)和式(2-17)可得

$$P = A\frac{(1+i)^n - 1}{i(1+i)^n}$$
$$= A(P/A, i, n)$$
$$= A(P/A, 10\%, 10)$$
$$= 50 \times 6.1446$$
$$= 307.23(万元)$$

以上介绍的六个基本公式在工程经济分析中经常用到,其中以复利终值(或现值)公式为最基本的公式,其他公式都是在此基础上经初等数学运算得到的。为便于理解和查阅,现

将这六个公式列于表 2-3 中。公式中的六个系数，可根据不同的 i 值和 n 值计算得到，也可以直接查表得到。

表 2-3 六个基本资金等值计算公式

公式名称	已 知 项	欲 求 项	系数符号	公 式
一次支付终值	P	F	$(F/P,i,n)$	$F=P(1+i)^n$
一次支付现值	F	P	$(P/F,i,n)$	$P=F(1+i)^{-n}$
等额支付序列年金终值	A	F	$(F/A,i,n)$	$F=A\dfrac{(1+i)^n-1}{i}$
偿债基金	F	A	$(A/F,i,n)$	$A=F\dfrac{i}{(1+i)^n-1}$
资金回收	P	A	$(A/P,i,n)$	$A=P\dfrac{i(1+i)^n}{(1+i)^n-1}$
年金现值	A	P	$(P/A,i,n)$	$P=A\dfrac{(1+i)^n-1}{i(1+i)^n}$

运用公式的时候需要注意以下两点。

(1) 在进行等值计算时，如果现金流动期与计息期不同，就需注意实际利率与名义利率的换算(详见例 2-10)。

(2) 利用公式进行计算时，要注意现金流量计算公式是否与等值计算公式中的现金流量计算公式相一致。如果一致，可直接利用公式进行计算；否则应先对现金流量进行调整，然后进行计算(详见例 2-11)。

例 2-10 某项目采用分期付款的方式，连续 5 年每年年末偿还银行借款 150 万元，如果银行借款年利率为 8%，按季计息，问截至第 5 年年末，该项目累计还款的本利和是多少？

解： 该项目还款的现金流量图如图 2-15 所示。

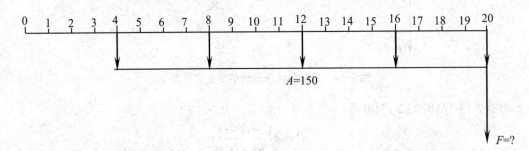

图 2-15 按季计息年度支付的现金流量图(单位：万元)

这是一个计息期与现金流动期不同的情况，其计算方法有多种，这里我们采用实际利率的方法求解。

首先求出现金流动期的有效利率，即实际年利率。根据式(2-5)，得

$$i = \left(1 + \frac{r}{m}\right)^m - 1 = \left(1 + \frac{8\%}{4}\right)^4 - 1 = 8.24\%$$

这样原问题就转化为年利率为 8.24%，年金为 150 万元，期限为 5 年，求终值的问题，然后根据等额支付序列年金终值公式，得

$$F = A \frac{(1+i)^n - 1}{i} = 150 \times \frac{(1 + 8.24\%)^5 - 1}{8.24\%} = 884.21(万元)$$

即该项目累计还款的本利和是 884.21 万元。

例 2-11　某企业 5 年内每年初需要投入资金 100 万元用于技术改造，企业准备存入一笔钱以设立一项基金，提供每年技改所需的资金。如果已知年利率为 6%，问企业应该存入基金多少钱？

解：这个问题的现金流量图如图 2-16 所示。

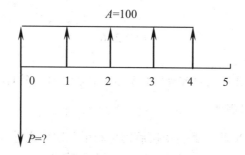

图 2-16　例 2-11 中问题的现金流量图(单位：万元)

从图 2-16 中可以看出，此时的等额支付(即年金)是发生在期初(此时年金又称为预付年金)，而在等值计算公式中的年金是发生在期末，因此不能直接套用公式，而应该先进行现金流量的调整，调整为正常年金后再利用公式进行计算。

调整后的现金流量情况可参考图 2-17。

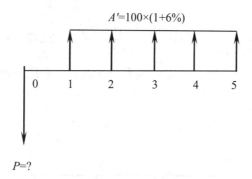

图 2-17　调整后的现金流量图(单位：万元)

由图 2-17 可知，这是一个已知 A、i、n，求 P 的问题。根据年金现值公式，得

$$P = A\,(P/A,\ i,\ n) = 100 \times (1 + 6\%) \times (P/A,\ 6\%, 5) = 106 \times 4.2124 = 446.51(万元)$$

即企业现在应该存入基金 446.51 万元。

2.3.4 等值计算

1. 计息周期等于支付周期

计息周期等于支付周期时，实际利率与名义利率相同，可以利用等值计算的基本公式直接计算。

例 2-12 年利率为 12%，每半年计息一次，从现在起连续 3 年，每半年做 100 万元的等额支付，问与其等值的现值为多少？

解： 每计息期的利率这

$$i = \frac{12\%}{2} = 6\%$$

计息次数为

$$n = 3 \times 2 = 6$$

则所求现值为

$$P = A(P/A, i, n) = 100 \times (P/A, 6\%, 6) = 100 \times 4.917 = 491.7(\text{万元})$$

2. 计息周期小于支付周期

计息周期小于支付周期时，适当变换后仍可利用前述公式进行计算。

例 2-13 年利率为 10%，每半年计息一次，从现在起连续 3 年的等额年末支付为 500 万元，与其等值的现值是多少？

解： 本例有以下三种解题方法。

方法一： 先求出支付期的有效利率，支付期为 1 年，则有效年利率为

$$i = \left(1 + \frac{r}{m}\right)^m - 1 = \left(1 + \frac{10\%}{2}\right)^2 - 1 = 10.25\%$$

则

$$P = A \cdot \frac{(1+i)^n - 1}{i(1+i)^n} = 500 \times \frac{1 - (1+10.25\%)^{-3}}{10.25\%} = 1237.97(\text{万元})$$

方法二： 可把等额支付的每一个支付视为一次支付，利用一次支付现值公式计算，如图 2-18 所示。

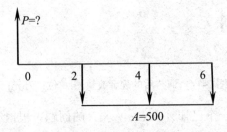

图 2-18 例 2-13 方法二的现金流量图

$$P = 500 \times \left(1 + \frac{10\%}{2}\right)^{-2} + 500 \times \left(1 + \frac{10\%}{2}\right)^{-4} + 500 \times \left(1 + \frac{10\%}{2}\right)^{-6}$$

$$=1237.97(万元)$$

方法三：取一个循环周期，使这个周期的年末支付变成等值的计息期末的等额支付序列，从而使计息期和支付期完全相同，则可将有效利率直接代入公式计算，如图 2-19 所示。

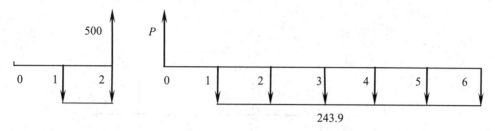

图 2-19 例 2-13 方法三的现金流量图

在年末存款 500 万元的等效方式是在每半年时存入

$$A = 500 \times (A/F, i, n) = 500 \times (A/F, 10\%, 2)$$

$$=500 \times 0.4878$$

$$=243.9(万元)$$

则

$$P = A(P/A, i, n) = 243.9 \times (P/A, 5\%, 6) = 243.9 \times 5.0757$$

$$=1237.97(万元)$$

3. 计息周期大于支付周期

计息期内各时间点发生的支付或收益，须满一个计息周期时才计利息，即在计息周期内发生的款项在本期内是不计算利息的，要在下一期才计算利息。因此，原财务活动的现金流量图应按以下原则进行整理：站在投资方的角度，将计息期内的支出合并放在计息期期末，将计息期内的收入合并放在计息期期初，计息期分界点处的现金流量保持不变。

例 2-14 现金流量图如图 2-20 所示，年利率为 12%，每季度计息 1 次，求年末终值 F 为多少？

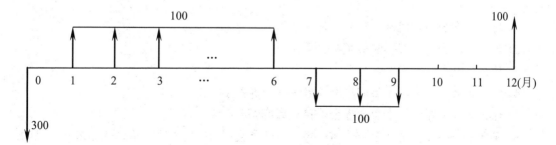

图 2-20 例 2-14 的现金流量图

解：按上述原则进行调整，得到等值的现金流量图如图 2-21 所示。

根据整理过的现金流量图求得终值

$$F = (-300 + 200) \times \left(1 + \frac{12\%}{4}\right)^4 + 300 \times \left(1 + \frac{12\%}{4}\right)^3$$

$$+ 100 \times \left(1 + \frac{12\%}{4}\right)^2 - 300 \times \left(1 + \frac{12\%}{4}\right) + 100$$

$$= 112.36(万元)$$

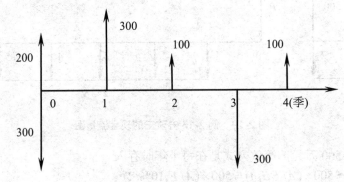

图 2-21　调整后的现金流量图

2.3.5　等值计算小结

(1) 倒数关系：① $(F/P, i, n) = 1/(P/F, i, n)$

　　　　　　　② $(A/P, i, n) = 1/(P/A, i, n)$

　　　　　　　③ $(A/F, i, n) = 1/(F/A, i, n)$

(2) 乘积关系：① $(F/A, i, n) = (P/A, i, n)(F/P, i, n)$

　　　　　　　② $(F/P, i, n) = (A/P, i, n)(F/A, i, n)$

(3) 其他关系：$(A/P, i, n) = (A/F, i, n) + i$

思考与练习

1. 什么是资金的时间价值？它有何意义？

2. 什么是现金流量图？它由哪些要素组成？

3. 什么是利息、利率？

4. 什么是名义利率与实际利率？二者如何换算？

5. 什么是资金等值？常用的资金等值公式有哪些？

6. 现有一个项目，其现金流量为：第一年年末支付 1000 万元，第二年年末支付 1500 万元，第三年收益 200 万元，第四年收益 300 万元，第五年收益 400 万元，第六至十年每年收益 500 万元，第十一年收益 450 万元，第十二年收益 400 万元，第十三年收益 350 万元，第十四年收益 450 万元。设年利率为 12%，这个项目的现值是多少？终值是多少？

7. 下列等额支付的年金终值和年金现值各为多少？

(1) 年利率为 6%，每年年末借款 500 元，连续借款 10 年。

(2) 年利率为 8%，每年年初借款 1000 元，连续借款 5 年。

(3) 年利率为 9%，每季度计息一次，每季度末借款 800 元，连续借款 10 年。

(4) 年利率为 10%，每季度计息一次，每季度初借款 1000 元，连续借款 5 年。

8. 下列资金的等额支付是多少？

(1) 借款 5000 元，得到借款后的第一年年末开始归还，连续 5 年，分 5 次还清，年利率按 4%计算。

(2) 借款 5000 元，得到借款后的第一个月月末开始归还，连续 5 年，分 60 次还清，年利率为 9%，每月计息一次。

(3) 年利率为 12%，每年年末支付一次，连续支付 8 年，8 年年末积累金额 15 000 元。

(4) 年利率为 12%，每季度计息一次，每季度末支付一次，连续支付 8 年，第 8 年年末积累金额 15 000 元。

9. 假如以 7%的年利率向银行存入 6500 元，问多少年后本利和为 8775 元？

10. 建设银行贷款给某投资者，年利率为 5%，第一年年初贷给 3000 万元，第二年年初贷给 2000 万元，该投资者第三年年末开始用盈利偿还贷款，按协议至第十年年末还清，问该投资者每年末应等额偿还多少万元？

11. 某建筑企业购买了一台机械，估计能使用 20 年，每 4 年要大修一次，每次大修的费用为 1000 元，设年利率为 10%，每季计息一次，现在应存入银行多少钱，才足以支付 20 年寿命期间的大修理支出？

12. 如果第一年年初投资 10 000 元，从第一年年末起 6 年内每年年末可获利 3000 元，问此项投资的利率为多少？

13. 一项永久性奖学金，每年颁发 20 万元奖金，若年利率为 5%，则现在应投资多少？

第3章 工程经济评价指标体系及方案评价

【知识目标】

◆ 了解经济评价指标体系的构成。

◆ 了解方案计算期、基准收益率、投资收益率的内涵。

◆ 掌握静态投资回收期的计算方法。

◆ 掌握净现值及净现值率、净年值、内部收益率、动态投资回收期的计算方法。

◆ 熟悉多方案之间的关系类型。

◆ 掌握多方案的比选方法。

【技能目标】

运用经济效果评价指标对不同方案进行评价,对多方案进行选优。

【引言】

俗话说,好钢用在刀刃上。任何投资者都要求自己的投资是有回报的,并且这个回报应该尽可能大,因此对投资方案的评价和选择就成了关键。如果只有一个方案,这个方案可行吗?如果有多个方案,哪个方案的经济效果是最佳的?要回答这些问题,首先应该建立一套评价指标体系,通过计算,用具体的评价指标值进行衡量和分析。这就是本章我们要学习的内容。

3.1 工程经济评价指标体系

3.1.1 概述

1. 经济评价指标

企业经济评价也称财务评价或盈利分析，是建设项目经济评价的重要组成部分，是项目决策的重要依据。在对投资项目进行经济评价前，首先需要建立评价指标体系，并确定一套科学的可行性评价标准。因此，掌握工程经济评价体系对项目经济评价具有非常重要的作用。

经济评价指标是投资项目经济效益或投资效果的定量化及其直观的表现形式，一般是通过对投资项目所涉及的费用和效益的量化和比较来确定的。只有正确地理解和适当地应用各个评价指标的含义及其评价准则，才能对投资项目进行有效的经济分析，以此做出正确的投资决策。

由于经济效益是一个综合性的指标，每个评价指标仅能反映某一方面，所以，为了系统、全面地评价技术方案的经济效益，需要采用多个评价指标，从多个方面进行分析考察，从而形成经济评价指标体系。按照是否考虑所量化的费用和效益的时间因素，即是否考虑资金的时间价值，可将评价指标分为静态评价指标和动态评价指标两类。

2. 方案计算期的确定

方案计算期也称为方案的经济寿命周期，它是指对拟建方案进行现金流量分析时应确定的项目服务年限。对建设项目来说，项目计算期分为建设期和生产期两个阶段。

(1) 项目建设期是指从项目资金正式投入起到项目建成投产止所需的时间。建设期的确定应综合考虑项目的建设规模、建设性质(如新建、扩建或改建)、项目复杂程度、当地建设条件、管理水平与人员素质等因素，并与项目进度计划中的建设工期相协调。项目建设期内只有投资，很少有产出，从投资成本及获利机会的角度来看，项目建设期应在保证工程质量的前提下，尽可能缩短。

(2) 项目生产期是指项目从建成投产到主要固定资产综合寿命完结为止所经历的时间，其中包括投产期(投产后未达到100%设计能力)和达产期。项目生产期不能等同于项目将来实际存在的时间(物理寿命周期)，应根据项目的性质、技术水平、技术进步及实际服务期的长短合理确定。

对项目寿命期的确定，主要应对主体结构的经济性、建设及维护的可行性、关联设施的实用性、经济计划管理的适应性及预测精度等方面进行综合考虑才能确定。例如，美国亚拉巴马州库萨河开发项目寿命定为100年，马伦亚河帮维尔工程、格林河建设工程的可行性研究取50年，美国州际公路、日本等建设公路项目均取30年，我国交通工程运输项目一般取15~30年为宜。

在计算经济评价指标时，如计算内部收益率(IRR)时，一般取项目主体工程的寿命期，当配套工程和辅助设施项目的经济寿命期大于项目经济寿命期时，可在计算期末计入残值；当配套项目经济寿命期结束时，分别计入残值和更新费用。如果建设项目的主体工程寿命期很长，计算时可按建设项目预估的内部收益率高低而适当缩短，当 IRR 较高时，计算期可适当缩短，反之则可延长。

3. 基准收益率

基准投资收益率，又称标准折现率、基准收益率、基准贴现率，是企业或行业或投资者以动态的观点所确定的、可接受的投资项目最低标准的收益水平，也是投资决策者对技术方案的资金时间价值的估算依据。影响基准收益率的主要因素有资金的财务费用率、资金的机会成本、风险贴现率水平和通货膨胀率等。

基准收益率是技术方案经济评价中的主要经济参数。关于如何确定基准收益率，至今尚无统一的见解，有的主张根据资金的来源和构成确定，有的主张根据资金的需求曲线和供给曲线来确定。确定技术方案财务评价中的基准收益率，可以简单选择方案投资所在行业或主管部门的平均收益率，若没有相应行业或主管部门的基准收益率，也可以选择社会折现率。行业或主管部门的基准收益率是国家公布的重要经济参数。关于基准收益率的理解有以下几点。

(1) 在实际工程中，基准收益率的确定一般以行业的平均收益率为基础，同时综合考虑资金成本、投资风险、通货膨胀以及资金限制等影响因素。对于国家投资项目，进行经济评价时使用的基准收益率是由国家组织测定并发布的行业基准收益率，非国家投资项目可参考行业基准收益率，由投资者自行确定。

(2) 基准收益率定得太高，可能会使许多经济效益好的方案被拒绝；如果定得过低，则可能会使一些经济效益不好的方案被采纳。基准收益率可以在本部门或行业范围内控制资金投向经济效益更好的项目。

(3) 基准收益率不同于贷款利率，通常要求基准收益率要高于贷款利率。这是因为投资方案大多带有一定风险和不确定性因素，若基准收益率低于贷款利率，就不值得投资。当前工程项目建设资金的来源有多种渠道，如国外金融机构贷款、国内银行贷款、中央及地方政府专项拨款等，在确定基准收益率时，应充分考虑非贷款资金的机会费用。

3.1.2　静态评价体系

在工程经济分析中，把不考虑资金时间价值的经济效益评价指标称为静态评价指标。此类指标的特点是简单易算，主要包括静态投资回收期和投资收益率。

采用静态评价指标对投资方案进行评价时由于没有考虑资金的时间价值，因此它主要适用于对方案的粗略评价，如应用于投资方案的机会鉴别和初步可行性研究阶段，以及用于某些时间较短，投资规模与收益规模均比较小的投资项目的经济评价等。

1. 静态投资回收期

静态投资回收期(P_t)是指不考虑资金时间价值的情况下，收回全部原始投资额所需要的时间，即投资项目在经营期间内预计净现金流量的累加数恰巧抵偿其在建设期内预计现金流量所需要的时间。这里所说的全部投资既包括固定资产投资，也包括流动资金投资。

静态投资回收期的计算公式为

$$\sum_{t=0}^{P_t}(CI - CO)_t = 0 \tag{3-1}$$

式中：P_t——静态投资回收期；

  CI——现金流入量；

  CO——现金流出量；

  $(CI-CO)_t$——第 t 年的净现金流量。

静态投资回收期一般以"年"为单位，自项目建设开始年计算(包括建设期)。当然也可以计算自项目建成投产年算起的静态投资回收期(不包括建设期)，但对于这种情况，需要加以说明，以防止两种情况的混淆。

式(3-1)是一个通用的计算公式，在具体计算静态投资回收期时有两种方法，即公式法和列表法，两种方法各有其优点。

1) 计算

(1) 公式法，也称为直接法。如果项目建成后各年的净收益(也即净现金流量)均相等，则静态投资回收期的计算公式为

$$P_t = \frac{K}{R} \tag{3-2}$$

式中：R——每年的净收益；

  K——全部投资。

例 3-1 某投资方案预计投资 450 万元，经专家评估预计投产后其各年的平均净收益为 80 万元，求该方案的静态投资回收期。

解：根据式(3-2)可得

$$P_t=450÷80=5.625(年)$$

(2) 列表法。在一般情况下，技术方案各年的净收益不同，有时变化还比较大，这时不宜采用直接法计算投资回收期，需采用列表法。

所谓列表法，是指通过列表计算"累计净现金流量"的方式，来确定项目的投资回收期。因为不论在什么情况下，都可以通过这种方法来确定静态投资回收期，所以此法又称为一般方法。其计算公式为

$$P_t = 累计净现金流量开始出现正值的年份 -1 + \frac{上一年累计净现金流量的绝对值}{当年净现金流量} \tag{3-3}$$

列表法常用表格的形式进行计算。

例 3-2 某方案的净现金流量图如图 3-1 所示，试计算该项目的静态投资回收期。

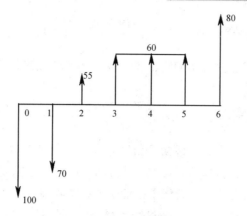

图 3-1　净现金流量图(单位：万元)

解： 列出该投资方案的累计净现金流量情况表，如表 3-1 所示。

表 3-1　累计净现金流量

单位：万元

年　序	0	1	2	3	4	5	6
净现金流量	−100	−70	55	60	60	60	80
累计净现金流量	−100	−170	−115	−55	5	65	145

根据式(3-3)可得

$$P_t = 4 - 1 + \frac{|-55|}{60} = 3.92\,(年)$$

静态投资回收期一般从建设开始年算起，采用静态投资回收期对投资方案进行评价时，其基本做法如下。

首先，确定行业的基准投资回收期(P_c)。基准投资回收期是国家根据国民经济各部门、各地区的具体经济条件，按照行业和部门的特点，结合财务会计上的有关制度及规定而颁布，同时进行不定期修订的建设项目经济评价参数，是对投资方案进行经济评价的重要标准。

其次，计算项目的静态投资回收期(P_t)。

最后，比较 P_t 和 P_c，若 $P_t \leqslant P_c$，则项目可以考虑接受；若 $P_t > P_c$，则项目不可行。

2) 优缺点

静态投资回收期的优点：能够直观地反映原始总投资的返本期限，便于理解；计算较简便。

静态投资回收期的缺点：未考虑资金的时间价值；未考虑回收期满后继续发生的现金流量；不能正确反映投资方式不同对项目的影响。

2. 投资收益率

投资收益率又叫投资效果系数，是指在项目达到设计能力后，其每年的净收益与项目全部投资的比率，是反映投资收益能力的指数。

其计算公式为

$$投资收益率 = \frac{年净收益}{项目全部投资} \times 100\% \qquad (3\text{-}4)$$

当项目在正常生产年份内各年的收益情况变化幅度较大时，也可以采用下列公式进行计算：

$$投资收益率 = \frac{年平均净收益}{项目全部投资} \times 100\% \qquad (3\text{-}5)$$

在采用投资收益率对项目进行经济评价时，其基本做法与采用静态投资回收期的做法相似，也是将计算出的项目投资收益率与行业的平均投资收益率进行比较，若高于或等于行业平均投资收益率则项目可行，若低于行业平均投资收益率则项目不可行。

投资收益率是一个综合性指标，在进行项目经济评价时，根据分析目的的不同，投资收益率又具体分为投资利润率、投资利税率、资本金利润率等，其中最常用的是投资利润率。

投资利润率是指项目在正常生产年份内所获得的年利润总额或年平均利润总额与项目全部投资的比率，其计算公式为

$$投资利润率 = \frac{年利润总额(年平均利润总额)}{项目全部投资} \times 100\% \qquad (3\text{-}6)$$

例 3-3 某投资项目现金流量如表 3-2 所示，试计算其投资利润率。

表 3-2　某项目现金流量表　　　　　　　　　　　　　　单位：万元

年序	0	1	2	3	4	5	6
投资	−100						
利润		12	12	12	12	12	14

解： 根据式(3-6)可得

$$投资利润率 = \frac{年平均利润总额}{项目全部投资} \times 100\%$$

$$= \frac{12}{100} \times 100\% = 12\%$$

投资利润率反映了项目在正常生产年份单位投资所带来的年利润，如例 3-3 中的项目，其投资利润率为 12%。

投资收益率指标的优点：计算简便，能够直观地衡量项目的经营成果，可适用于各种投资规模。

投资收益率指标的缺点：没有考虑资金的时间价值，该指标的计算主观随意性太大，在指标的计算中，对于应该如何计算投资资金占用，如何确定利润，都带来一定的不确定性和人为因素，因此以投资收益率指标作为主要的决策依据不太可靠。

3.1.3 动态评价体系

一般将考虑了资金时间价值的经济效益评价指标称为动态评价指标。动态评价指标更加注重考察项目在其计算期内各年现金流量的具体情况，因而也就能够更加直观地反映项目的盈利能力，所以它的应用也就更加广泛。在项目的可行性研究阶段，进行项目经济评价时一般是以动态评价指标作为主要指标，以静态评价指标作为辅助指标。

动态评价指标常用的一般有：净现值(率)、内部收益率、净年值、动态投资回收期等。

1. 净现值与净现值率

1) 净现值的含义及计算

净现值(NPV)是指把项目计算期内各年的净现金流量，按照一个给定的标准折现率(基准收益率)折算到建设期初(项目计算期第一年年初)的现值之和。

净现值是考察项目在其计算期内盈利能力的主要动态指标，其计算公式为

$$NPV = \sum_{t=0}^{n} (CI - CO)_t (1 + i_c)^{-t} \tag{3-7}$$

式中：NPV——项目的净现值；

$(CI-CO)_t$——第 t 年的净现金流量；

n——项目计算期；

i_c——基准收益率。

净现值的经济含义可以直观地解释为：假如有一个小型投资项目，初始投资为 10 000元，项目寿命期为 1 年，到期可获得净收益 12 000 元。假设基准收益率为 8%，那么可以求出该项目的净现值为 1111 元(12 000×0.9259-10 000)。也就是说，只要投资者能在资本市场或从银行以 8%的利率筹措到资金，那么该项目即使再增加 1111 元的投资，在经济上还是可以做到不盈不亏；换一个角度讲，如果投资者能够以 8%的利率筹借到 10 000 元的资金，那么一年后，投资者将会获得 2000 元利润，这 2000 元利润的现值恰好是 1111 元，即净现值刚好等于项目在生产经营期内所获得的净收益的现值。

2) 净现值的判别准则

根据式(3-7)计算出的 NPV 不外乎以下三种情况：NPV >0，NPV=0，NPV<0。在用于投资方案的经济评价时其判别准则如下。

若 NPV >0，说明方案可行。因为这种情况说明投资方案实施后的投资收益水平不仅能够达到标准折现率的水平，而且还会有盈余，也即项目的盈利能力超过其投资收益期望的水平。

若 NPV=0，说明方案可考虑接受。因为这种情况说明投资方案实施后的投资收益水平恰好等于标准折现率，也即其盈利能力能达到所期望的最低财务盈利水平。

若 NPV<0，说明方案不可行。因为这种情况说明投资方案实施后的投资收益水平达不到标准折现率，也即其盈利能力水平比较低，甚至有可能会出现亏损。

例 3-4 某项目的各年现金流量如表 3-3 所示，试用净现值指标判断项目的经济可行性 (i_c =15%)。

表 3-3　某项目的现金流量表　　　　　　　单位：万元

年序	0	1	2	3	4～19	20
投资支出	40	10				
经营成本			18	18	18	18
收入			26	26	31	51
净现金流量	−40	−10	8	8	13	33

解：利用式(3-7)，将表中各年净现金流量代入，得

$$NPV=-40-10\times(P/F,15\%,1)+8\times(P/F,15\%,2)+8\times(P/F,15\%,3)$$
$$+13\times(P/A,15\%,16)(P/F,15\%,3)+33\times(P/F,15\%,20)$$
$$=-40-10\times0.8696+8\times0.7561+8\times0.6575+13\times5.954\times0.6575+33\times0.0611$$
$$=15.52(万元)>0$$

由于 NPV>0，故此项目在经济效果上是可行的。

3) 净现值与折现率的关系

从计算式(3-7)可以看出，对于具有常规现金流量(即在计算期内，方案的净现金流量序列的符号只改变一次的现金流量)的投资方案，其净现值的大小与折现率的高低有直接的关系。比如，如果已知某投资方案各年的净现金流量，则该方案的净现值就完全取决于所选用的折现率，折现率越大，净现值就越小；折现率越小，净现值就越大。随着折现率的逐渐增大，净现值将由大变小，由正变负，NPV 与 i 之间的关系一般如图 3-2 所示。

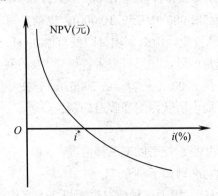

图 3-2　净现值与折现率的关系

从图 3-2 中可以发现，NPV 随 i 的增大而减小，在 i^* 处，曲线与横轴相交，说明如果选定 i^* 为折现率，则 NPV 恰好等于零。在 i^* 的左边，即 $I < i^*$ 时，NPV >0；在 i^* 的右边，即 $I > i^*$ 时，NPV<0。由于 NPV=0 是判别准则的一个分水岭，因此可以说 i^* 是折现率的一个临界值，我们将其称为内部收益率。关于内部收益率将在后面作详细介绍。

4) 净现值指标的优点与不足

净现值指标的优点如下。

(1) 考虑了资金的时间价值并全面考虑了项目在整个寿命期内的经济状况。

(2) 经济意义明确直观，能够直接以货币额表示项目的净收益。

(3) 能直接说明项目投资额与资金成本之间的关系。

净现值指标的不足如下。

(1) 必须首先确定一个符合经济现实的基准收益率，而基准收益率的确定往往是比较困难的。

(2) 不能直接说明在项目运营期间各年的经营成果。

(3) 不能真正反映项目投资中单位投资的使用效率。

5) 净现值率

净现值率(NPVR)又称净现值比，或净现值指数，是指项目的净现值与投资总额现值的比值，其经济含义是单位投资现值所能带来的净现值，是一个考察项目单位投资的盈利能力的指标。

净现值指标用于多个方案的比选时，没有考虑各方案投资额的大小，因而不能直接反映资金的使用效率，为了考察资金的使用效率，通常采用净现值率作为净现值的辅助指标。净现值率小，投资项目的收益就低；净现值率大，投资项目的收益就高。

其计算公式为：

$$NPVR = \frac{NPV}{K_p} \tag{3-8}$$

式中：K_p——全部投资的现值之和。

例 3-5　某企业拟购买一台设备，其购置费用为 35 000 元，使用寿命为 4 年，第四年年末的残值为 3000 元，在使用期内，每年的收入为 19 000 元，经营成本为 6500 元，若给出标准折现率为 10%，试计算该设备购置方案的净现值率。

解：购买设备这项投资的现金流量情况如图 3-3 所示。

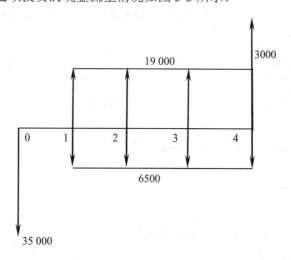

图 3-3　设备购置方案的现金流量图(单位：元)

根据式(3-7)可计算出其净现值为

NPV=−35 000+(19 000−6500)×(*P/A*,10%,3)+(19 000+3000−6500)×(*P/F*,10%,4)

$$=-35\ 000+31\ 086.25+10\ 586.5$$

$$=6672.75(元)$$

根据式(3-8)可求出其净现值率为

$$NPVR = \frac{NPV}{K_p} = \frac{6672.75}{35\ 000} = 0.1907$$

净现值率主要用于对多个独立方案进行必选时的优劣排序。

2. 净年值

1) 净年值的含义与计算

净年值(NAV)是指将项目的净现值换算为项目计算期内各年的等额年金，是反映项目或投资方案在计算期或寿命期内的平均获利能力的指标。其计算公式为

$$NAV=NPV(A/P, i, n) \tag{3-9}$$

式中：$(A/P,i,n)$——资金回收系数。

其现金流量图如图 3-4 所示。

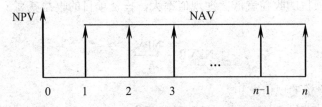

图 3-4 净年值与净现值的现金流量关系

2) 净年值的判别准则

由 NAV 的计算公式可以看出，由于 $(A/P,i,n)>0$，故 NAV 实际上是 NPV 的等价指标，也即对于单个投资方案来讲，用净年值进行评价和用净现值进行评价的结论是一样的，其评价准则如下。

若 NAV≥0，则方案可行；

若 NAV<0，则方案不可行。

例 3-6 沿用例 3-5 中的数据，用净年值指标分析投资的可行性。

解： 根据式(3-9)可求得

NAV=−35 000×$(A/P,10\%,4)$+19 000−6500+3000×$(A/F,10\%,4)$

　　=−35 000×0.3155+12 500+3000×0.2155

　　=−11 042.5+12 500+646.5

　　=2104(元)

由于 NAV=2104>0，所以该项投资是可行的。

3) 净年值指标的优缺点

净年值指标的优点如下。

(1) 考虑了资金的时间价值，对项目进行动态评价。

(2) 考虑了项目在整个寿命期内的经济状况，可直接以货币额表示项目投资的收益性，

经济意义明确直观。

净年值指标的缺点：在实际投资项目中，容易选到投资额大、盈利多的方案，而容易忽视投资少、盈利较多的方案。

3. 内部收益率

前面已经讲到将净现值等于零时的折现率称为内部收益率，这是一个重要的经济评价指标，它同净现值(NPV)一样在经济评价中被广泛使用。

1) 内部收益率的概念及判别准则

内部收益率(IRR)是指项目在整个计算期内各年净现金流量的现值之和等于零时的折现率，也就是项目的净现值等于零时的折现率。由于它所反映的是方案所能达到的收益率水平，其大小完全取决于方案本身，因此称作内部收益率。

其计算公式为

$$\sum_{t=0}^{n}(CI - CO)_t(1 + IRR)^{-t} = 0 \qquad (3\text{-}10)$$

式中：IRR——内部收益率，其余符号的意义同前。

该指标越大越好，根据净现值与折现率的关系，以及净现值指标在方案评价时的判别准则，可以很容易地推导出用内部收益率指标评价投资方案的判别准则，即

若 IRR$\geq i_c$，则 NPV >0，方案可行；

若 IRR$<i_c$，则 NPV<0，方案不可行。

2) 内部收益率的计算

由计算式(3-10)可以看出，内部收益率的计算是求解一个一元多次方程的过程，要想精确地求出方程的解，即内部收益率，是一件非常困难的事情，因此在实际应用中，一般采用一种称为线性插值试算法的近似方法来求得内部收益率的近似解。它的基本步骤如下。

首先根据经验选定一个适当的折现率 i_1。

根据投资方案的现金流量情况，利用选定的折现率 i_1，求出方案的净现值 NPV(i_1)。

若 NPV$(i_1)>0$，则适当地使 i_1 继续增大，找到 i_2，使 NPV$(i_2)<0$；

若 NPV$(i_1)<0$，则适当地使 i_1 继续减小，找到 i_2，使 NPV$(i_2)>0$。

采用线性插值公式求出内部收益率的近似解，其计算公式为

$$IRR = i_1 + \frac{NPV_1}{NPV_1 + |NPV_2|}(i_2 - i_1) \qquad (3\text{-}11)$$

式(3-11)可结合图 3-5 推导如下。

由图 3-5 可以看出，在 i_1 和 i_2 之间，净现值与折现率的关系如弧 AD 所表示，在 F 处与横轴相交，从而内部收益率为 IRR。现在我们用直线段 AD 近似替代弧线段 AD(在 i_2-i_1 很小时这样做误差不大)，然后用几何方法求出 AD 与横轴的交点处的折现率 IRR$'$，用 IRR$'$作为 IRR 的近似值。

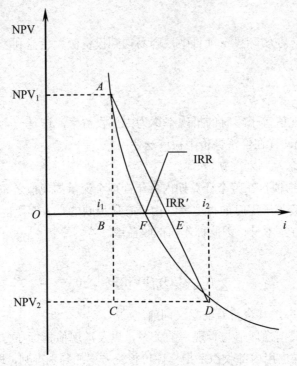

图 3-5　IRR 的近似计算图解

求 IRR′的方法如下。

根据几何原理：

∵ $\triangle ABE \backsim \triangle ACD$

∴ $AB/AC=BE/CD$

也即

$$\text{NPV}_1 / (\text{NPV}_1 + |\text{NPV}_2|) = (\text{IRR}' - i_1)/(i_2 - i_1)$$

从而

$$\text{IRR}' = i_1 + \frac{\text{NPV}_1}{\text{NPV}_1 + |\text{NPV}_2|}(i_2 - i_1)$$

也即式(3-11)。

由于线性插值是估算，所以 i_1 和 i_2 越接近，误差越小。一般要求 $(i_1 - i_2) < 5\%$。

例 3-7　某项目的净现金流量如表 3-4 所示。当基准收益率 $i_c=12\%$ 时，试用内部收益率指标判断该项目的经济性。

表 3-4　某项目的净现金流量表　　　　　　　　　　　　　单位：万元

年序	0	1	2	3	4	5
净现金流量	−100	20	30	20	40	40

解： 此项目净现值的计算公式为

NPV=−100+20(P/F,i,1)+30(P/F,i,2)+20(P/F,i,3)+40(P/F,i,4)+40(P/F,i,5)

现分别设 i_1=12%，i_2=15%，计算相应的 NPV$_1$ 和 NPV$_2$。

NPV$_1$=-100+20(P/F,12%,1)+30(P/F,12%,2)+20(P/F,12%,3)+40(P/F,12%,4)+40(P/F,2%,5)

　　=-100+20×0.8929+30×0.7972+20×0.7118+40×0.6355+40×0.5674

　　=4.126(万元)

NPV$_2$=-100+20(P/F,15%,1)+30(P/F,15%,2)+20(P/F,15%,3)+40(P/F,15%,4)+40(P/F,15%,5)

　　=-100+20×0.8696+30×0.7561+20×0.6575+40×0.5718+40×0.4972

　　=-4.015(万元)

利用线性插值式(3-11)，得

$$IRR = i_1 + \frac{NPV_1}{NPV_1 + \left| NPV_2 \right|}(i_2 - i_1)$$

$$= 12\% + \frac{4.126}{4.126 + \left| -4.015 \right|} \times (15\% - 12\%)$$

$$= 13.5\%$$

因为 IRR=13.5%> i_c=12%，故该项目的经济效果是可以接受的。

关于内部收益率的计算，还应注意：采用线性插值计算法计算内部收益率，只适用于具有常规现金流量的投资方案，即在计算期内各年净现金流量开始一年或数年为负值，在以后各年为正值的项目；而对于具有非常规现金流量的方案，即在计算期内各年净现金流量的正负号的变化超过一次的项目，由于其内部收益率的存在可能不是唯一的，因此这种方法就不太适用。

3) 内部收益率的经济含义

内部收益率反映的是项目全部投资所能获得的实际最大收益率，是项目借入资金利率的临界值。假设一个项目的全部投资均来自借入资金。从理论上讲，若借入资金的利率 i 小于项目的内部收益率 IRR，则项目会有盈利；若 i>IRR，则项目就会亏损；若 i=IRR，则由项目全部投资所得的净收益刚好用于偿还借入资金的本金和利息。也就是说，内部收益率越高，说明获得的收益也越高。

4) 内部收益率指标的优点与不足

内部收益率指标的优点如下。

(1) 考虑了资金的时间价值以及项目在整个寿命期内的经济状况。

(2) 能够直接衡量项目的真正投资收益率。

(3) 不需要事先确定一个基准收益率，而只需要知道基准收益率的大致范围即可。

内部收益率指标的不足如下。

(1) 由于 IRR 指标是根据方案本身的数据计算得出，而不是专门给定，所以不能直接反映资金价值的大小。

(2) 需要大量的与投资项目有关的数据，计算比较麻烦。

(3) 对于具有非常规现金流量的项目来讲，其内部收益率往往不是唯一的，在某些情况下甚至不存在。

4. 动态投资回收期

动态投资回收期(P_t')是指在考虑了资金时间价值的前提下，收回全部原始投资额所需要的时间，即投资项目在经营期间内预计净现金流量现值的累加数恰巧抵偿其在建设期间预计现金流出量现值所需要的时间。这个指标的提出主要是为了克服静态投资回收期指标没有考虑资金的时间价值，因而不适合用于计算期较长的项目经济评价的弊端。

动态投资回收期的计算公式为

$$\sum_{t=0}^{P_t'} (CI - CO)_t (1 + i_c)^{-t} = 0 \tag{3-12}$$

式中：P_t'——动态投资回收期，其他符号的意义同前。

采用式(3-12)计算 P_t' 一般比较烦琐，因此在实际应用中往往根据项目的现金流量表，用下列近似公式计算。

$$P_t = 累计净现金流量现值开始出现正值的年份数 - 1 + \frac{上一年累计净现金流量现值的绝对值}{当年净现金流量现值}$$

$$\tag{3-13}$$

例 3-8 某项目现金流量如表 3-5 所示，计算该项目的动态投资回收期，设 $i_c = 10\%$。

表 3-5　某项目有关数据表　　　　　　　　　　单位：万元

年序	0	1	2	3	4	5	6	7
投资	20	500	100					
经营成本				330	460	460	460	460
销售收入				480	710	710	710	710
净现金流量	−20	−500	−100	150	250	250	250	250
净现金流量现值	−20	−454.6	−82.6	112.7	170.8	155.2	141.1	128.3
累计净现金流量现指	−20	−474.6	−557.2	−444.5	−273.7	−118.5	22.6	150.9

解：根据式(3-13)，得

$$P_t' = 6 - 1 + \frac{|-118.5|}{141.1} = 5.84(年)$$

用动态投资回收期指标评价投资方案的判别准则可根据净现值的判别准则推出。根据净现值的计算式(3-7)和动态投资回收期的计算式(3-12)可以看出方案是否可行。

当 NPV=0 时，有 $P_t'=P_c$，因此 P_t' 的判别准则如下：若 $P_t' \leqslant P_c$，则 NPV≥0，方案可行；若 $P_t' > P_c$，则 NPV<0，方案不可行。

动态投资回收期是考察项目财务上的投资实际回收能力的动态指标，它反映了等值回收，而不是等额回收项目全部投资所需的时间，因而更具有实际意义。

3.2　多方案选择

在工程和管理中，人们经常会遇到决策问题，因为设计或规划等通常会面对几种不同情况，有可能采取几种不同的方案，最后总要选定某一个方案。所以，决策是工程和管理过程的核心。

合理的决策过程包括两个主要阶段：一是探寻备选方案，这实际上是一项创新活动；二是对不同备选方案进行经济衡量和比较，称为经济决策。由于经济效果是评价和选择的主要依据，所以决策过程的核心问题就是对不同备选方案经济效果的衡量和比较。

3.2.1　方案的创造

备选方案是由各级组织的操作人员、管理人员以及研究开发人员制定的。对备选方案经济差别的认识，可增强探求备选方案的能力。工程或管理人员在观察某项工程或业务时，必定会不断地练习观察其中的一些经济差别，有计划地寻求备选方案。由于后期各方案的选择是在方案产生的基础上做的，因此方案的选择相当重要。

3.2.2　多方案之间的关系类型

实际工作中，通常对于工程项目有不同的技术或不同规模的多种设计方案，即存在若干个备选方案。根据这些多方案之间是否存在资源约束，多方案可分为有资源限制的结构类型和无资源限制的结构类型。有资源限制的结构类型，是指多方案之间存在资金、劳力、材料、设备或其他资源量的限制，在工程经济分析中最常见的就是投资资金的约束；无资源限制的结构类型是指多方案之间不存在上述的资源限制问题，当然这并不是指资源是无限多的，而只是有能力得到足够的资源。

多方案比选的方法与备选方案之间的类型有关。通常，按多方案之间的经济关系，一组多方案又可划分为互斥型多方案、独立型多方案、相关型多方案和混合型多方案等。

1. 互斥型多方案

在一组方案中，选择其中的一个方案则排除了接受其他任何一个的可能性，则这一组方案称为互斥型多方案，简称互斥多方案或排他性方案。这类多方案，在实际工程中是最常见到的。比如，同一地域的土地利用方案是互斥方案，是建居民住房，还是建写字楼等，只能选择其中之一；又如一个建设项目的工厂规模、生产工艺流程、主要设备、厂址的选择，一座建筑物或构筑物的结构类型，一个工程主体结构的施工工艺的确定等，这类问题的决策通常面对的是互斥方案的选择。

2. 独立型多方案

若方案间互不干扰，在经济上互不相关的方案，即这些方案是彼此独立的，选择或放弃其中一个方案，并不影响对其他方案的选择，则称这一组方案为独立型多方案，简称独立多方案或独立方案。例如，个人投资，可以选购国库券，也可以购买股票，还可以购房以求得增值等，可以选择其中一个方案，也可选择其中两个或三个方案，方案之间的效果与选择不受影响，互相独立；又如，某施工企业投资购买一批固定资产，列出的一组方案包括一台塔吊、一辆运输汽车、一台搅拌机，在没有资金约束的条件下这三个方案之间不存在任何的制约和排斥关系，它们就是一组独立方案。

3. 相关型多方案

在一组方案中，方案之间不完全是排斥关系，也不完全是独立关系，但一方案的取舍会导致其他方案现金流量的变化(被称为现金流量相关)，则称这一组方案为相关型多方案。例如，某房地产开发商，在相距较近的两个地块开发两个居住小区，显然这两个方案既非完全排斥，也非完全独立，一个方案的实施必定会影响另一个方案的收入；又如，为了满足运输要求，拟在两地间投资兴建一铁路项目和(或)一公路项目，若两个项目同时上，由于货运分流的影响，它们之间就是相关关系。

4. 混合型多方案

在一组方案中，方案之间有些具有互斥关系，有些具有独立关系，则称这一组方案为混合型多方案。

需要注意的是：一组方案之间的结构类型并不是一成不变的。这是因为方案之间的关系是由内部条件(方案自身的特点)和外部条件(环境因素的制约)两方面决定的，尽管内部条件一般难以改变，但外部条件的不同，方案之间的关系也会发生变化。当外部条件发生变化时，互斥关系可以转变为独立关系或者独立关系转变为互斥关系。例如，某个投资者投资完全不相干的两个行业的项目，如果有足够的资金，这两个方案是独立方案；如果资金至多只能满足一个项目的需要，则完全可以把它们当成互斥方案处理，因为此时只能选择其中一个项目进行投资。

5. 多方案之间的可比性

在对不同方案进行经济比较选择时，必须考虑这些方案在经济上的可比性。可比性原则包括以下几个方面。

1) 资料和数据的可比性

对各方案数据资料的搜集和整理的方法要加以统一，所采用的定额标准、价格水平、计算范围、计算方法等应该一致。

2) 同一功能的可比性

不同方案的产出功能不同，或产出虽然相同，但规模相当悬殊或产品质量差别很大的技术方案，都不能直接进行比较。当然，产品功能绝对相同的方案是很少的，只要基本功能趋于一致，就可以认为它们之间具有可比性。当方案的产出质量相同时，如果只是规模相差较大，可以采取几个规模小的方案合起来，与规模大的方案相比较。当规模相差不大的时候，也可以用单位产品的投入量或单位投入的产出量指标来衡量其经济效益。

　　3) 时间可比性

　　一般来说，实际工作中所遇到的互斥方案通常具有相同的寿命期，这是两个互斥方案必须具备的一个基本的可比性条件。但是，也经常遇到寿命不等的方案需要比较的情况，理论上来说是不可比的，因为无法确定短寿命的方案比长寿命的方案寿命所短的那段时间里的现金流量。但是，在实际工作中又经常会遇到此类情况，同时又必须做出选择，这时就需要对方案的寿命按一定的方法进行调整，使它们具有可比性。

　　在评价经济效果之前，分清工程项目方案属于何种类型是非常重要的，因为方案类型不同，其评价方法、选择和判断的尺度不同，否则会带来错误的评价结果。

3.2.3　互斥型多方案的比较与选择

　　互斥型多方案的比较与选择(以下有时简称比选)，就是在若干个方案中，只能选择一个方案实施。由于每一个方案都具有同等可供选择的机会，为使资金发挥最大的效益，我们当然希望所选出的这一个方案是若干备选方案中经济性最优的。但仅此还不充分，因为某方案相对最优并不能证明该方案在经济上一定是可行的、可接受的，并不能排除"矮中拔高"的情况(即从若干都不可行的方案中选较优者)。因此，互斥方案经济效果评价包括两部分内容：一是考察各个方案自身的经济效果，即进行绝对效果检验；二是考察哪个方案相对经济效果最优，即相对效果检验。两种检验的目的和作用不同，通常缺一不可，以确保所选方案不但可行而且最优。需要注意的是，在进行相对经济效果评价时，不论使用哪种指标，都必须满足方案可比条件。

　　由于不同方案之间寿命期有可能不同，所以互斥型多方案的比较与选择又分为寿命期相同和寿命期不同两种情况。

1. 寿命期相同的互斥方案的比较与选择

　　对于寿命期相同的互斥方案，计算期通常设定为方案的寿命周期，这样能满足在时间上可比的要求。寿命期相同的互斥方案常采用的比选方法有净现值法、差额内部收益率法和最小费用法等。

　　1) 净现值法

　　净现值法就是通过计算各个备选方案的净现值并比较其大小而判断方案的优劣。

　　净现值法的基本步骤如下。

　　(1) 分别计算各个方案的净现值，剔除 NPV<0 的方案，即进行方案的绝对效果检验。

　　(2) 对所有 NPV≥0 的方案比较其净现值。

　　(3) 根据净现值最大原则，选择净现值最大的方案为最佳方案。

　　例 3-9　某机构现在 A、B、C 三个方案中选一个进行项目投资，其寿命期均为 16 年，各方案的净现金流量如表 3-6 所示，试用净现值法选择出最佳方案，已知 i_c=10%。

表 3-6　各方案的现金流量　　　　　　　　　　　单位：万元

方案＼年份	建 设 期		生 产 期		
	1	2	3	4～15	16
A	−2024	−2800	500	1100	2100
B	−2800	−3000	570	1310	2300
C	−1500	−2000	300	700	1300

解： 各方案的净现值计算结果如下。

$$NPV_A = -2024 \times (P/F,10\%,1) - 2800 \times (P/F,10\%,2) + 500 \times (P/F,10\%,3)$$
$$+ 1100 \times (P/A,10\%,12)(P/F,10\%,3) + 2100 \times (P/F,10\%,16)$$
$$= 2309.97(万元)$$

同理：

$NPV_B = 2610.4(万元)$

$NPV_C = 1075.37(万元)$

其中方案 A 的现金流量如图 3-6 所示，方案 B、C 的现金流量图请读者自己画出。计算结果表明方案 B 的净现值大于等于零(即通过绝对检验)，且最大，因此方案 B 是最佳方案。

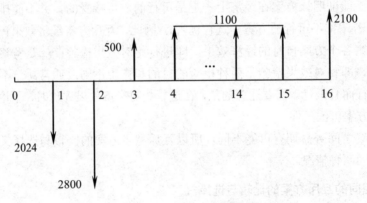

图 3-6　方案 A 的现金流量图

净现值法是对寿命期相同的互斥方案进行比选时最常用的方法。有时我们在采用不同的评价指标对方案进行比选时，会得出不同的结论，这时往往以净现值指标为最后衡量的标准。

2) 差额内部收益率法

内部收益率是衡量项目综合能力的重要指标，也是在项目经济评价中经常用到的指标之一，但是在进行互斥方案的比选时，如果直接用各个方案内部收益率的高低来作为衡量方案优劣的标准，往往会导致错误的结论。因为内部收益率不是项目初始投资的收益率，而且内部收益率受现金流量分布的影响很大，净现值相同的两个分布状态不同的现金流量，会得出不同的内部收益率。

例 3-10　某建设项目有三个设计方案，其寿命期均为 10 年，各个方案的净现金流量如表 3-7 所示，试选择最佳方案(已知 i_c=10%)。

表 3-7　各个方案的净现金流量表　　　　单位：万元

方案＼年份	0	1～10
A	−170	44
B	−260	59
C	−300	68

解： 我们先来用净现值法对方案进行比选。

根据各个方案的现金流量情况，可计算出 NPV 分别为

$$NPV_A=-170+44\times(P/A,10\%,10)=100.34(万元)$$
$$NPV_B=-260+59\times(P/A,10\%,10)=102.50(万元)$$
$$NPV_C=-300+68\times(P/A,10\%,10)=117.79(万元)$$

因此根据净现值法的结论，方案 C 为最佳方案。

对这个题目，如果采用内部收益率指标来进行比选又会如何呢？下面来计算一下。

根据 IRR 的定义及各个方案的现金流量情况，对于方案 A 有

$$-170+44\times(P/A,IRR_A,10)=0$$
$$(P/A,IRR_A,10)=\frac{170}{44}=3.864$$

查复利系数表得：IRR_A=22.47%

对于方案 B 有

$$-260+59\times(P/A,IRR_B,10)=0$$
$$(P/A,IRR_B,10)=\frac{260}{59}=4.407$$

查复利系数表得：IRR_B=18.49%

对于方案 C 有

$$-300+68\times(P/A,IRR_C,10)=0$$
$$(P/A,IRR_C,10)=\frac{300}{68}=4.412$$

查复利系数表得：IRR_C=18.52%。

可见：$IRR_A>IRR_C>IRR_B$，且 IRR_A、IRR_B、IRR_C 均大于 i_c。即方案 A 为最佳方案。这个结论与采用净现值法计算得出的结论是矛盾的。那么为什么两种方法得出的结论会产生矛盾？究竟哪一种方法正确？这个问题可通过图 3-7 来加以说明。

图中两条曲线分别是方案 A 和方案 C 的净现值函数曲线，由两条曲线的形状可以看出，两条曲线在 i=13.11%处相交，当折现率小于 13.11%时，$NPV_C>NPV_A$，当折现率大于 13.11%时，$NPV_A>NPV_C$。也就是说，当我们取定的标准折现率 i_c 大于 13.11%时，采用净现值指标与采用内部收益率指标对方案进行比选可得出相同的结论；当取定的标准折现率小于

13.11%时，两种方法会得出相反的结论。产生这种现象的根本原因在于净现值与内部收益率这两个评价指标的经济含义有所不同。

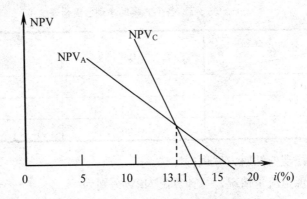

图 3-7　方案 A、C 的净现值与折现率的关系

我们知道，净现值的经济含义十分明确，比如说对一个投资方案来讲，假如其 NPV=0，则表明该方案的净收益刚好抵付用标准折现率所计算的利息，即方案的盈利水平恰好等于所选用的标准折现率，换句话讲，该方案的净现金流量所具有的机会收益恰好等于计算净现值时所选定的标准折现率。而内部收益率则是表明了投资方案所能承受的最高利率，或最高的资本成本，即方案的净现金流量所具有的机会成本就是该方案本身所产生的内部收益率，用式子表示就是当选定的 i_c=IRR 时，方案的 NPV=0。根据标准折现率的经济含义，它代表的是项目投资的期望收益水平，是项目投资的资金机会成本，因此采用净现值最大准则作为方案比选的决策依据，可以达到总投资的收益最大化，是符合方案比选的基本目标的，而内部收益率并未考虑真正的资金机会成本，其决策结果与资金机会成本无关，这样就难以保证比选结论的正确性。

由于互斥方案的比选，实质上是分析投资大的方案所增加的投资能否用其增量收益来补偿，也即对增量的现金流量的经济合理性做出判断。差额内部收益率，又称增量投资内部收益率，是增量现金流量的净现值等于零时的折现率。用差额内部收益率法能够保证方案比选结论的正确性。

差额内部收益率的计算公式为

$$\sum_{t=0}^{n}[(CI-CO)_2-(CI-CO)_1](1+\Delta IRR)^{-t}=0 \tag{3-14}$$

式中：ΔIRR ——差额内部收益率，其他符号的含义同前。

差额内部收益率计算方法与内部收益率的计算方法相同，也采用线性插值法求得。

采用差额内部收益率指标对互斥方案进行比选的基本步骤如下。

(1) 计算各备选方案的 IRR，分别与基准折现率 i_c 比较，剔除 IRR<i_c 的方案。

(2) 将 IRR≥i_c 的方案按投资额由小到大依次排列。

(3) 计算排在最前面的两个方案的差额内部收益率 ΔIRR，若 ΔIRR≥i_c，则说明投资大的方案优于投资小的方案，保留投资大的方案；反之，若 ΔIRR<i_c，则保留投资小的方案，

直至全部方案比较完毕，保留的方案就是最优方案。

例 3-11　沿用例 3-10 的资料，试用差额内部收益率法进行方案比选。

解：由于三个方案的 IRR 均大于 i_c，将它们按投资额由小到大排列为 A→B→C，下面先对方案 A 和 B 进行比较。

根据差额内部收益率的计算公式，有

$$-(260-170)+(59-44)(P/A, \Delta IRR_{B-A}, 10)=0$$

可求出：$\Delta IRR_{B-A}=10.58\% > i_c=10\%$

故方案 B 优于方案 A，保留方案 B，继续进行比较。

将方案 B 和方案 C 进行比较：

$$-(300-260)+(68-59)(P/A, \Delta IRR_{C-B}, 10)=0$$

可求出：$\Delta IRR_{C-B}=14.48\% > i_c=10\%$

故方案 C 优于方案 B。

最后可得结论：方案 C 为最佳方案。

在采用差额内部收益率法进行方案比选时一定要注意，差额内部收益率只能说明增加投资部分的经济合理性，亦即 $\Delta IRR \geqslant i_c$ 只能说明增量投资部分是有效的，并不能说明全部投资的效果，因此采用此方法前，应先对备选方案进行单方案经济效果绝对检验，只有可行的方案才能作为比较的对象。

3) 最小费用法

在工程经济中经常会遇到这样一类问题，两个或多个互斥方案的产出效果相同，或基本相同但难以进行具体估算，比如一些环保、国防、教育等项目，其所产生的效益无法或者很难用货币直接计量，这样由于得不到其现金流量情况，也就无法采用诸如净现值法、差额内部收益率法等方法来对此类项目进行经济评价。在这种情况下，我们只能通过假定各方案的收益是相等的，对各方案的费用进行比较，根据效益极大化目标的要求及费用较小的项目比费用较大的项目更为可取的原则来选择最佳方案，这种方法称为最小费用法，也就是要求方案的费用现值。

费用现值比较法实际上是净现值法的一个特例，费用现值的含义是指利用此方法所计算出的净现值只包括费用部分。由于无法估算各个方案的收益情况，因此只计算各备选方案的费用现值(PC)并对其进行对比，以费用现值较低的方案为最佳方案。

其计算公式为

$$PC = \sum_{t=0}^{n} CO_t(1+i_c)^{-t} = \sum_{t=0}^{n} CO_t(P/F, i_c, t) \tag{3-15}$$

式中各符号的意义同前。

例 3-12　某项目有 A、B 两种不同的工艺设计方案，均能满足同样的生产技术需要，其有关费用支出如表 3-8 所示，试用费用现值比较法选择最佳方案，已知 $i_c=10\%$。

解：根据费用现值的计算公式可分别计算出 A、B 两方案的费用现值为

$PC_A=600\times(P/F,10\%,1)+280\times(P/A,10\%,9)(P/F,10\%,1)=2011.40(万元)$

$PC_B=785\times(P/F,10\%,1)+245\times(P/A,10\%,9)(P/F,10\%,1)=1996.34(万元)$

由于 $PC_A > PC_B$，所以方案 B 为最佳方案。

表 3-8 A、B 两方案费用支出表

单位：万元

项目 \ 费用	投资(第 1 年年末)	年经营成本(第 2～10 年年末)	寿 命 期
A	600	280	10
B	785	245	10

2. 寿命期不同的互斥方案的比选

对于寿命期不同的互斥方案，是不能直接采用净现值法等评价方法对其方案进行比选的，因为此时寿命期长的方案的净现值与寿命期短的方案的净现值不具有可比性。为了满足时间可比的要求，就需要对各备选方案的计算期和计算公式进行适当的处理，使各个方案在相同的条件下进行比较，才能得出合理的结论。

为满足时间可比条件而进行处理的方法很多，常用的有年值法、最小公倍数法和研究期法等。

1) 年值法

年值(AW)法是对寿命期不相等的互斥方案进行比选时用到的一种最简明的方法。它是通过分别计算各备选方案净现金流量的等额年值并进行比较，以 AW≥0 且 AW 最大者为最优方案。

年值的计算公式为

$$AW = \left[\sum_{t=0}^{n} (CI - CO)_t (1 + i_c)^{-t} \right] (A/P, i_c, n)$$
$$= NPV(A/P, i, n) \tag{3-16}$$

式中各符号的意义同前。

例 3-13 某建设项目有 A、B 两个方案，其净现金流量情况如表 3-9 所示，若 $i_c = 10\%$，试用年值法对方案进行比选。

表 3-9 A、B 两方案的净现金流量

单位：万元

方案 \ 年序	1	2～5	6～9	10
A	−300	80	80	100
B	−100	50	—	—

解： 先求出 A、B 两个方案的净现值：

NPV$_A$=−300×(P/F,10%,1)+80×(P/A,10%,8)(P/F,10%,1)+100×(P/F,10%,10)

=153.83(万元)

NPV$_B$=−100×(P/F,10%,1)+50×(P/A,10%,4)(P/F,10%,1)=53.18(万元)

然后根据式(3-16)求出 A、B 两方案的等额年值(AW)。

$$AW_A = NPV_A(A/P, i_c, n_A) = 153.83 \times (A/P, 10\%, 10) = 25.04(万元)$$

$$AW_B = NPV_B(A/P, i_c, n_B) = 53.18 \times (A/P, 10\%, 5) = 14.03(万元)$$

由于 $AW_A > AW_B$ 且 AW_A、AW_B 均大于零，故方案 A 为最佳方案。

2) 最小公倍数法

最小公倍数法又称方案重复法，是以各备选方案寿命期的最小公倍数作为进行方案比选的共同的计算期，并假设各方案均在这样一个共同的计算期内重复进行，对各方案计算期内各年的净现金流量进行重复计算，直至与共同的计算期相等。例如有 A、B 两个互斥方案，方案 A 的计算期为 6 年，方案 B 的计算期为 8 年，则其共同的计算期即为 24 年(6 和 8 的最小公倍数)。然后假设方案 A 将重复实施 4 次，方案 B 将重复实施 3 次，分别对其净现金流量进行重复计算，计算出在共同的计算期内各个方案的净现值，以净现值较大的方案为最佳方案。

例 3-14　仍沿用例 3-13 的资料，试用最小公倍数法对方案进行比选。

解： A 方案的计算期为 10 年，方案 B 的计算期为 5 年，则其共同的计算期为 10 年，也即方案 B 需重复实施两次。

在计算期为 10 年的情况下，A、B 两个方案的净现值分别为

$$NPV_A = 153.83(万元)$$

$$NPV_B = -100 \times (P/F, 10\%, 1) + 50 \times (P/A, 10\%, 4)(P/F, 10\%, 1)$$
$$\quad -100 \times (P/F, 10\%, 6) + 50 \times (A/P, 10\%, 4)(P/A, 10\%, 6)$$
$$\quad = 86.2(万元)$$

其中，NPV_B 的计算如图 3-8 所示。

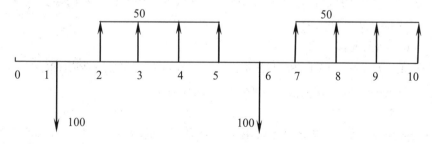

图 3-8　方案 B 的现金流量表(单位：万元)

由于 $NPV_A > NPV_B$，且 NPV_A、NPV_B 均大于零，故方案 A 为最佳方案。

3) 研究期法

在用最小公倍数法对互斥方案进行比选时，如果诸方案的最小公倍数比较大，那么需对计算期较短的方案多次进行重复计算，而这与实际情况显然不相符。由于技术在不断地进步，一个完全相同的方案在一个较长的时期内反复实施的可能性不大，因此用最小公倍数法得出的方案评价结论就不太令人信服，这时可以采用一种称为研究期法的评价方法进行方案评价与选择。

所谓研究期法，就是针对寿命期不相等的互斥方案，直接选取一个适当的分析期作为

各个方案共同的计算期，通过比较各方案在该计算期内的净现值来对方案进行比选，以净现值最大的方案为最佳方案。其中，计算期的确定要综合考虑各种因素，在实际应用中，为简便起见，往往直接选取诸方案中最短的计算期为各方案共同的计算期，所以研究期法又称最小计算期法。

采用研究期法对方案进行比选时，其计算步骤、判别准则均与净现值法完全一致，唯一需要注意的是对于寿命期比共同的计算期长的方案，要对其在计算期以后的现金流量情况进行合理的估算，以免影响结论的合理性。常用的处理方法有以下三种。

(1) 完全承认未使用的价值，即将方案的未使用价值全部折算到研究期末，如例 3-15。

(2) 完全不承认未使用的价值，即研究期后的方案未使用价值均忽略不计。

(3) 对研究期末的方案未使用价值进行客观的估计，以估计值计入研究期末。

例 3-15 有 A、B 两个项目的净现金流量如表 3-10 所示，若已知 $i_c = 10\%$，试用研究期法对方案进行比选。

表 3-10 A、B 两个项目的净现金流量 单位：万元

项目 \ 年序	1	2	3~7	8	9	10
A	−550	−350	380	430		
B	−1200	−850	750	750	750	900

解： 取 A、B 两方案中较短的计算期为共同的计算期，也即 $n = 8$(年)，分别计算当计算期为 8 年时 A、B 两方案的净现值。

$$NPV_A = -550 \times (P/F,10\%,1) - 350 \times (P/F,10\%,2) + 380 \times (P/A,10\%,5)(P/F,10\%,2)$$
$$+ 430 \times (P/F,10\%,8)$$
$$= 601.89(万元)$$

$$NPV_B = [-1200 \times (P/F,10\%,1) - 850 \times (P/A,10\%,2) + 750 \times (P/A,10\%,7)(P/F,10\%,2)$$
$$+ 900 \times (P/F,10\%,8)](A/P,10\%,10)(P/A,10\%,8)$$
$$= 1364.79(万元)$$

注： 计算 NPV_B 时，是先计算方案 B 在其寿命期内的净现值，然后计算方案 B 在共同的计算期内的净现值。

由于 $NPV_B > NPV_A > 0$，所以方案 B 为最佳方案。

4) 年费用比较法

如果方案的现金流量以费用为主，则采用年费用比较法。

年费用(AC)比较法是通过计算各备选方案的等额年费用进行比较，以年费用较低的方案为最佳方案的一种方法。其计算公式为

$$AC = \sum_{t=0}^{n} CO_t (P/F, i_c, t)(A/P, i_c, n) \tag{3-17}$$

式中各符号的含义同前。

例 3-16 沿用例 3-12 的资料，试用年费用比较法选择最佳方案。

解： 根据式(3-17)可计算出 A、B 两方案的等额年费用如下。

AC_A=2011.40×(*A/P*,10%,10)=327.36(万元)

AC_B=1996.34×(*A/P*,10%,10)=325.00(万元)

由于 $AC_A > AC_B$，故方案 B 为最佳方案。

采用年费用比较法与费用现值比较法对方案进行比选的结论是完全一致的，因为实际费用现值(PC)和等额年费用(AC)之间可以很容易地进行转换，即

$$PC=AC(A/P, i, n)$$

或

$$AC=PC(P/A, i, n)$$

所以根据费用最小的选择原则，两种方法的计算结果是一致的，因此在实际应用中对于效益相同或基本相同但又难以具体估算的互斥方案进行比选时，若方案的寿命期相同，则任意选择其中的一种方法即可；若方案的寿命期不相同，则一般适用年费用比较法。

3.2.4 其他类型多方案的比较与选择

其他类型多方案包括独立型多方案、相关型多方案和混合型多方案。

1. 独立方案的比较与选择

在一组独立方案比较与选择的过程中，可决定选择其中任意一个或多个方案，甚至全部方案，也可能一个方案也不选。独立方案这一特点决定了独立方案的现金流量及其效果具有可加性。一般独立方案选择有下面两种情况。

(1) 无资金限制的情况。如果独立方案之间共享的资源(通常为资金)足够多(没有限制)，那么其比选的方法与单个项目的检验方法是基本一致的，即只要项目本身的 NPV≥0 或 IRR≥i_c 等，则项目就可采纳并实施。

(2) 有资金限制的情况。现实生活中无资金限制的情况是少见的，大部分情况下资金都是有限的，那么我们在选择方案组合时就需要考虑资金的多少。

下面来分析这样一个例子：有 A、B、C 三个方案，其相互间是独立关系，已知三个方案所需要的投资额分别为 300 万元、200 万元、450 万元，且其净现值分别为 150 万元、120 万元、210 万元，如果没有资金的限制，则毫无疑问三个方案均可行，均可付诸实施。但若现在有一个资金约束的条件，即可供利用的资金共 550 万元，则三个方案之间的关系就发生了变化，资金的限制使得我们在接受某些方案的同时必须拒绝或者说放弃另一些方案，比如说接受方案 A 和 B，则必须放弃方案 C，这样方案 A、B 与方案 C 之间就变成了互斥的关系。

对于上面这类问题，进行方案的比选，目标并没有发生变化，仍然是要达到收益最大化，即要取得最佳的经济效果。常用的方法有两种，即独立方案组合互斥化法和净现值率排序法。

1) 独立方案组合互斥化法

独立方案互斥化法是指在有资金限制的情况下，由于每个独立方案都有两种可能——选择或者拒绝，故 N 个独立方案可以形成 N 个组合方案。将相互独立的方案组合成总投资额不超过投资限额的组合方案，这样各个组合方案之间的关系就变成了互斥的关系，然后利用互斥方案的比选方法，如净现值法等，对方案进行比选，选择出最佳方案。

例 3-17　有 A、B、C 三个独立的方案，其净现金流量情况见表 3-11，已知总投资限额为 800 万元，$i_c = 10\%$，试做出最佳投资决策。

表 3-11　A、B、C 三个方案的净现金流量表

单位：万元

项　目　＼　年　序	1	2～10	11
A	−350	62	80
B	−200	39	51
C	−420	76	97

解：首先计算三个方案的净现值。

$$\mathrm{NPV_A} = -350 \times (P/F,10\%,1) + 62 \times (P/A,10\%,9)(P/F,10\%,1) + 80 \times (P/F,10\%,11)$$
$$= 34.46(万元)$$

$$\mathrm{NPV_B} = -200 \times (P/F,10\%,1) + 39 \times (P/A,10\%,9)(P/F,10\%,1) + 51 \times (P/F,10\%,11)$$
$$= 40.24(万元)$$

$$\mathrm{NPV_C} = -420 \times (P/F,10\%,1) + 76 \times (P/A,10\%,9)(P/F,10\%,1) + 97 \times (P/F,10\%,11)$$
$$= 50.08(万元)$$

由于 A、B、C 三个方案的净现值均大于零，从单方案检验的角度来看 A、B、C 三个方案均可行。但现在由于总投资额要限制在 800 万元以内，而 A、B、C 三个方案加在一起的总投资额为 970 万元，超过了投资限额，因而不能同时实施。

这里我们采用独立方案互斥化法来进行投资决策，其步骤如下。

首先，列出不超过总投资限额的所有组合投资方案，则这些组合方案之间具有互斥的关系。

其次，将各组合方案按投资额从小到大顺次排列。分别计算各组合方案的净现值，以净现值最大的组合方案为最佳方案。详细计算过程见表 3-12。

表 3-12　用净现值法比选最佳组合方案

单位：万元

序　号	组合方案	总投资额	净现值	结　论
1	B	200	40.24	
2	A	350	34.46	
3	C	420	50.08	
4	A+B	550	74.70	最佳
5	B+C	620	90.32	
6	A+C	770	84.54	

计算结果表明，方案 B 与方案 C 的组合为最佳投资组合方案，即投资决策为投资方案 B 与 C。

2) 净现值率排序法

所谓净现值率排序法，是指将净现值率大于或等于零的各个方案按净现值率的大小依次排序，并依此次序选取方案，直至所选取的方案组合的投资总额最大限度地接近或等于投资限额为止。

例 3-18 沿用例 3-17 的资料，试利用净现值率排序法选出最佳投资方案。

解：首先计算 A、B、C 三个方案的净现值率。

$$\text{NPVR}_{A} = \frac{\text{NPV}_{A}}{K_{PA}} = \frac{34.46}{350 \times (P/F, 10\%, 1)} = 10.83\%$$

$$\text{NPVR}_{B} = \frac{\text{NPV}_{B}}{K_{PB}} = \frac{40.24}{200(P/F, 10\%, 1)} = 22.13\%$$

$$\text{NPVR}_{C} = \frac{\text{NPV}_{C}}{K_{PC}} = \frac{50.08}{420(P/F, 10\%, 1)} = 13.12\%$$

然后将各方案按净现值率从大到小顺次排列，结果如表 3-13 所示。

表 3-13　A、B、C 三个方案的 NPVR 排序表　　　单位：万元

方　案	净现值率/%	投　资　额	累计投资额
B	22.13	200	200
C	13.12	420	620
A	10.83	350	970

由表 3-13 可知，方案的选择顺序是 B→C→A。由于资金限额为 800 万元，故最佳投资决策为方案 B、C 组合。

在对具有资金限制的独立方案进行比选时，独立方案互斥化法和净现值率排序法各有其优劣。

净现值率排序法的优点是计算简便，选择方法简明扼要；缺点是由于投资方案的不可分性，经常会出现资金没有被充分利用的情况，因而不一定能保证获得最佳组合方案。

独立方案互斥化法的优点是在各种情况下均能保证获得最佳组合方案；缺点是在方案数目较多时，其计算比较烦琐。

因此在实际运用中，应该综合考虑各种因素，选用适当的方法进行方案比选。

2. 相关方案的比较与选择

相关方案是指各方案的现金流量之间相互影响，如果我们接受(或拒绝)某一方案，就会对其他方案的现金流量产生一定的影响，进而会影响到对其他方案的接受(或拒绝)。

对一般相关方案进行比选的方法很多，其基本步骤如下。

(1) 确定方案之间的相关性，对其现金流量之间的相互影响做出准确的估计。

(2) 对现金流量之间具有正的影响方案，等同于独立方案看待，对相互之间具有负的影

响方案,等同于互斥方案看待。

(3) 按照独立方案或者互斥方案的比选方法完成比选。由于大多数相关方案相互之间都是负的影响,所以这里主要介绍组合互斥方案法。

例 3-19　为了满足运输要求,有关部门分别提出要在某两地之间上一铁路项目和(或)一公路项目。只上一个项目时的净现金流量如表 3-14 所示,若两个项目都上,由于货运分流的影响,两项目都将减少净收益,其净现金流量如表 3-15 所示。当 i_c=10% 时,应如何决策?

表 3-14　只上一个项目时的净现金流量　　　　　　　　单位:百万元

方案 ＼ 年序	0	1	2	3~32
铁路(A)	-200	-200	-200	100
公路(B)	-100	-100	-100	60

表 3-15　两个项目都上的净现金流量　　　　　　　　单位:百万元

方案 ＼ 年序	0	1	2	3~32
铁路(A)	-200	-200	-200	80
公路(B)	-100	-100	-100	35
两项目合计(A+B)	-300	-300	-300	115

解:　先将两个相关方案组合成三个互斥方案,再分别计算其净现值,结果如表 3-16 所示。

表 3-16　组合互斥方案及其净现值表　　　　　　　　单位:百万元

方案 ＼ 年序	0	1	2	3~32	NPV
铁路(A)	-200	-200	-200	100	231.95
公路(B)	-100	-100	-100	60	193.88
两项目合计(A+B)	-300	-300	-300	115	75.25

根据净现值最大的评价标准,在三个互斥方案中,$NPV_A > NPV_B > NPV_{A+B} > 0$,故方案 A 为最优可行方案。

3. 混合方案的比选

对混合型多方案的评价,不管项目间是独立的或是互斥的或是有约束的,它们的解决方法是先把所有的投资方案组合排列进来,这些组合方案之间是互斥关系,然后按照互斥方案的比选来做。

思考与练习

1. 什么是静态评价指标体系和动态评价指标体系？

2. 净现值评价指标有哪些特点？

3. 什么是基准收益率？

4. 多方案之间的经济类型有哪些？

5. 某企业建成时实际占用的固定资产和流动资产共计 1500 万元，预计投产后每年可获利润 300 万元，年利率为 9%，试计算静态投资回收期与动态投资回收期。

6. 某方案的现金流量如表 3-17 所示，基准收益率为 15%，试计算：

(1) 静态与动态投资回收期；

(2) 净现值；

(3) 内部收益率。

表 3-17　某方案的现金流量表　　　　　　　　　　单位：万元

年　序	0	1	2~3	4	5	6
现金流量	-2000	550	650	800	800	900

7. 某投资者拟投资房产，现有三处房产供选择。该投资者拟购置房产后出租经营，10 年后再转手出让，各处房产的购置价、转卖价和年租金如表 3-18 所示。设基准收益率为 10%，应选择哪个方案？

表 3-18　可供投资者选择的房产购置、转让和租金明细表　　　　单位：万元

	A 房产	B 房产	C 房产
购置价	140	190	220
净转让价(扣除相关费用)	125	155	175
年净租金	24	31	41

8. 已知方案 A、B、C 的有关资料如表 3-19 所示，基准收益率为 15%，试选择最佳方案。

表 3-19　方案 A、B、C 的有关资料　　　　　　　　单位：万元

方　案	初始投资	年　收　入	年　支　出	经济寿命/年
A	3000	1800	800	5
B	3650	2200	1000	5
C	4500	2600	1200	5

9. 某施工机械有两种不同型号，其有关数据如表 3-20 所示，利率为 10%，试问购买哪种型号的机械比较经济？

表 3-20　A、B 两种型号的机械的相关数据　　　　　单位：元

方　案	初始投资	年经营收入	年经营费	残　值	寿命/年
A	120 000	70 000	6000	20 000	10
B	90 000	70 000	8500	10 000	8

10. 为修建某河的大桥，经考虑有 A、B 两处可供选择，在 A 地建桥其投资为 1200 万元，年维护费为 2 万元，水泥桥面每 10 年翻修一次需 5 万元；在 B 处建桥，预计投资 1100 万元，年维护费为 8 万元，该桥每三年粉刷一次需 3 万元，每 10 年整修一次需 4 万元。若利率为 10%，试比较哪个方案为最优。

11. 有四个独立方案，其数据如表 3-21 所示，若预算资金为 30 万元，各方案的寿命均为 8 年，基准收益率为 12%，应选择哪些方案？

表 3-21　方案 A、B、C、D 的初始投资与年净收益表　　　　　单位：万元

方　案	A	B	C	D
初始投资	15	14	13	17
年净收益	5	4	3.5	5.5

12. 有六个方案的数据如表 3-22 所示，设定资金限额为 30 万元，基准收益率为 10%，寿命为 5 年。现已知 A_1、A_2 互斥，B_1、B_2 互斥，C_1、C_2 互斥；B_1、B_2 从属于 A_1，C_1 从属于 A_2，C_2 从属于 B_1，试选择最优的投资组合方案。

表 3-22　六个互斥方案的初始投资与年净收益表　　　　　单位：万元

方　案	A_1	A_2	B_1	B_2	C_1	C_2
初始投资	12	16	9	7	8	7
年净收益	4	5	3	2.5	3	2.5

第4章　建设项目资金构成与融资

【知识目标】

- ◆ 了解建设项目投资的特点。
- ◆ 了解投资估算的编制依据和方法。
- ◆ 了解建设工程项目融资与传统融资方式的异同。
- ◆ 了解项目融资的参与者。
- ◆ 熟悉投资估算的内容和作用。
- ◆ 掌握建设项目资金的构成。
- ◆ 掌握项目融资的模式及适用范围。
- ◆ 掌握资本成本的概念及计算。

【技能目标】

运用资本成本的概念和计算方法，确定不同来源的资金的资本成本，结合融资利率进一步评价方案的可行性。

【引言】

建设项目投资额巨大，投资者筹措这些资金的渠道都有哪些？使用这些资金要付出多少代价？这些代价通过项目的盈利能否偿还？对一个投资方案的评价，不仅仅要评价它本身是否可行，还要考虑其所投入资金的来源及要支付的代价。

4.1　建设项目投资

4.1.1　建设项目投资的概念

建设项目投资的概念有双重意义。一是广义上的理解，即投资是指投资者在一定时间内新建、扩建、改建、迁建或恢复某个工程项目所进行的一种资金投入活动。从这个意义上讲，建设项目的建设过程就是投资活动的完成过程，建设项目的管理过程就是投资管理过程。二是狭义上的理解，即投资是指进行建设项目所花费的费用，即建设项目投资额。

一个建设项目的总投资是指投资主体为获取预期收益，在选定的建设项目上所需投入的全部资金，包括建设投资和流动资产投资。

1. 建设投资

建设投资，主要由设备及工器具购置费、建筑安装工程费以及工程建设其他费用组成。

1) 设备及工器具购置费

设备及工器具购置费是指按建设工程设计文件要求，建设单位(或委托单位)购置或自制达到固定资产标准的设备和新、扩建项目配置的首套工器具及办公和生活家具所需的费用。设备及工器具购置费由设备原价、工器具原价和运杂费(包括设备成套公司服务费)组成。在生产性建设工程项目中，设备工器具投资主要表现为其他部门创造的价值向建设工程项目中的转移，但这部分投资是建设工程投资中的积极部分，它占项目投资比重的提高，意味着生产技术的进步和资本有机构成的提高。

2) 建筑安装工程费

建筑安装工程费是指建设单位用于建筑和安装工程方面的投资，它由建筑工程费和安装工程费两部分组成。建筑工程费是指建设工程涉及范围内的建筑物、构筑物、场地平整、道路、室外管道铺设、大型土石方工程费用等。安装工程费是指主要生产、辅助生产、公用工程等单项工程中需要安装的机械设备、电气设备、专用设备、仪器仪表等的安装及配件工程费，以及工艺、供热、供水等各种管道、配件、闸门和供电外线安装工程费用等。

3) 工程建设其他费用

工程建设其他费用是指未纳入以上两项的，根据设计文件要求和国家有关规定应由项目投资支付的为保证工程建设顺利完成和交付使用后能够正常发挥效用而发生的一些费用。

工程建设其他费用可分为三类：第一类是土地使用费，包括土地征用及迁移补偿费和土地使用权出让金；第二类是与项目建设有关的费用，包括建设单位管理费、勘察设计费、研究试验费等；第三类是与未来企业生产经营有关的费用，包括联合试运转费、生产准备费、办公和生活家具购置费等。

2. 流动资产投资

流动资产投资是指为保证生产性建设工程项目的正常运营，按规定列入建设工程项目总投资的铺底流动资金，一般按流动资金的 30% 计算。

　　建设投资可分为静态投资部分和动态投资部分。静态投资部分由建筑安装工程费、设备及工器具购置费、工程建设其他费和基本预备费组成。动态投资部分是指在建设期内，因建设期利息、建设工程需缴纳的固定资产投资方向调节税和国家新批准的税费、汇率、利率变动以及建设期价格变动引起的建设投资增加额，包括涨价预备费、建设期利息和固定资产投资方向调节税。

　　工程造价，一般是指一项工程预计开支或实际开支的全部固定资产投资费用，在这个意义上工程造价与建设投资的概念是一致的。因此，我们在讨论建设投资时，经常使用工程造价这个概念。需要指出的是，在实际应用中工程造价还有另一种含义，那就是工程价格，即为建成一项工程，预计或实际在土地市场、设备市场、技术劳动市场以及承包市场等交易活动中所形成的建筑安装工程的价格和建设工程的总价格。

4.1.2　建设项目总投资组成表

　　建设项目总投资组成如表 4-1 所示。

表 4-1　建设项目总投资组成表

费用项目名称			
建设项目总投资	建设投资	第一部分工程费用	建筑安装工程费
			设备、工器具购置费
		第二部分工程建设其他费用	土地使用费
			建设管理费
			可行性研究费
			研究试验费
			勘察设计费
			环境影响评价费
			劳动安全卫生评价费
			场地准备及临时设施费
			引进技术和进口设备费
			工程保险费
			特殊设备安全监督检验费
			市政公用设施建设及绿化补偿费
			联合试运转费
			生产准备费
			办公和生活家具购置费
		第三部分预备费	基本预备费
			涨价预备费
		建设期利息	
	固定资产投资	固定资产投资方向调节税(暂停征收)	
	流动资产投资	铺底流动资金	

4.1.3 建设项目投资的特点

1. 大额性

建设项目往往规模巨大，其投资额动辄数百万元、上千万元，甚至达到数百亿元。投资规模巨大的工程项目关系到国家、行业或地区的重大经济利益，对宏观经济可能产生重大影响。

2. 单件性

对于每一项建设项目，用户都有特殊的功能要求。建设项目及其计价方式的独特性使其不能像一般工业产品那样按品种、规格、质量成批定价，而只能根据各个建设项目的具体情况单独确定投资。

3. 阶段性

建设项目周期长、规模大、投资大，因此需要按程序分成相应阶段依次完成。相应地，也要在工程建设过程中多次进行投资数额的确定，以适应建立建设项目各方经济关系，进行有效的投资控制的要求。

4. 投资确定的层次性

工程建设项目是一个庞大又复杂的体系，为了便于对其进行设计、施工与管理，必须按照统一的要求和划分原则进行必要的分解，具体的建设项目一般分为单项工程、单位工程、分部工程和分项工程。

4.2 建设项目资金构成与估算

按照不同投资主体的投资范围和项目的具体情况，可将建设项目分为以下三类。

(1) 公益性投资项目，主要由政府拨款建设。

(2) 基础性项目，在加强中央政策性投资的同时，加重地方和企业的投资责任。

(3) 竞争性项目，以企业作为基本的投资主体，主要向市场融资。

4.2.1 资金构成

在资金筹措阶段，建设项目所需的资金总额由自有资金、赠物和借入资金三部分组成。

1. 自有资金

企业自有资金是指企业有权支配使用，按规定可用于固定资产投资和流动资金的资金，即在项目资金总额中投资者缴付的出资额，包括资本金和资本溢价。

1) 资本金

资本金是指企业在工商行政管理部门登记的注册资金。根据投资主体的不同，资本金可分为国家资本金、法人资本金、个人资本金及外商资本金等。

2) 资本溢价

资本溢价是指在资金筹集过程中，投资者缴付的出资额超出资本金的差额。最典型的是发行股票的溢价净收入，即股票溢价收入扣除发行费用后的净额。

2. 赠物

赠物也叫接受捐赠资产，是指地方政府、社会团体或个人以及外商等赠予企业货币或实物等财产。

3. 借入资金

借入资金亦即企业对外筹措的资金，是指以企业名义从金融机构和资金市场借入，需要偿还的用于固定资产投资的资金，包括国内银行贷款、国际金融机构贷款、外国政府贷款、出口信贷、补偿贸易、发行债券等方式筹集的资金。

4.2.2　投资估算的内容

建设工程项目投资估算是在对项目的建设规模、产品方案、工艺技术及设备方案、工程方案及项目实施进度等进行研究并基本确定的基础上，估算项目所需资金总额(包括建设投资和流动资金)并测算建设期各年资金使用计划。投资估算是拟建项目编制项目建议书、可行性研究报告的重要组成，是项目决策的重要依据之一。

投资估算的内容，从费用构成来讲包括该项目从筹建、设计、施工直至竣工投产所需的全部费用，分为建设投资和流动资金两部分。建设投资估算内容按照费用的性质划分，可分为建筑安装工程费、设备及工器具购置费、工程建设其他费、基本预备费、涨价预备费、建设期利息等。流动资金是指生产经营性项目投产后，用于购买原材料、燃料、支付工资及其他经营费用等所需的周转资金。流动资金是伴随着建设投资而发生的长期占用的流动资产投资，也即财务中的营运资金。

4.2.3　投资估算的作用

投资估算的准确性不仅影响到可行性研究工作的质量和经济评价结果，也直接关系到下一阶段设计概算和施工图预算的编制，同时对建设工程项目资金筹措方案也有直接的影响。因此，全面准确地估算建设工程项目的投资，是可行性研究乃至整个决策阶段造价管理的重要任务。

投资估算的作用一般主要有以下几点。

(1) 项目建议书阶段的投资估算，是项目主管部门审批项目建议书的依据之一，对项目的规划、规模有参考作用。

(2) 项目可行性研究阶段的投资估算，是项目投资决策的重要依据，也是研究、分析、计算项目投资经济效果的重要条件。

(3) 项目投资估算对工程设计概算起控制作用，当可行性研究报告被批准之后，设计概算就不得突破批准的投资估算额，并应控制在投资估算额以内。

(4) 项目投资估算可作为项目资金筹措及制订建设贷款计划的依据，建设单位可根据批准的项目投资估算额，进行资金筹措和向银行申请贷款。

(5) 项目投资估算是核算建设工程项目建设投资需要额和编制建设投资计划的重要依据。

(6) 合理准确的投资估算是进行工程造价管理改革，实现工程造价事前管理和主动控制的前提条件。

4.2.4　投资估算的编制依据

投资估算的编制依据主要有以下几方面。

(1) 主要工程项目、辅助工程项目及其他各单项工程的建设内容及工程量。

(2) 专门机构发布的建设工程造价及费用构成、估算指标、计算方法，以及其他有关估算文件。

(3) 专门机构发布的建设工程其他费用计算方法和费用标准，以及政府部门发布的物价指数。

(4) 已建同类工程项目的投资档案资料。

(5) 影响工程项目投资的动态因素，如利率、汇率、税率等。

4.2.5　建设投资的估算方法

1. 生产能力指数法

生产能力指数法是根据已建成的、性质类似的工程或装置的实际投资额和生产能力，按拟建项目的生产能力推算拟建项目的投资，其计算公式为

$$C_2 = C_1 \left(\frac{Q_2}{Q_1} \right)^n f \tag{4-1}$$

式中：C_1——已建项目的投资额；

　　　C_2——拟建项目的投资额；

　　　Q_1——已建项目的生产能力；

　　　Q_2——拟建项目的生产能力；

　　　n——生产能力指数；

　　　f——价差系数(投资估算年份的价格水平与已建项目投资年份的价格水平之比)。

生产能力指数 n 一般不易确定。当规模的扩大是以提高主要设备的效率而达到时，n 取

0.6～0.7；当规模的扩大是以增加工程项目的机器设备数量而达到时，n 取 0.8～1.0。

2．资金周转率法

资金周转率法是从资金周转的定义出发推算建设投资的一种方法。

当资金周转率为已知时，则

$$C = \frac{QP}{T} \tag{4-2}$$

式中：C——拟建项目建设总投资；

　　　Q——产品年产量；

　　　P——产品单价；

　　　T——资金周转率，即 T＝年销售总额/建设投资。

该方法简单明了，方便易行。但不同性质的工厂或生产不同产品的车间，资金周转率不同，要提高投资估算精确度，必须做好相关的基础工作。

3．分项比例估算法

分项比例估算法是以拟建项目的设备费为基数，根据已建成的同类项目的建筑安装工程费和其他费用等占设备价值的百分比，求出相应的建筑安装工程费及其他有关费用，其总和即为拟建项目建设投资。分项比例估算法的计算公式为

$$C = E(1 + f_1 P_1 + f_2 P_2 + f_3 P_3) + I \tag{4-3}$$

式中：C——拟建项目的建设投资；

　　　E——根据设备清单按现行价格计算的设备费的总和；

　　　P_1、P_2、P_3——拟建成项目中的建筑、安装及其他工程费用分别占设备费的百分比；

　　　f_1、f_2、f_3——由于时间因素引起的定额、价格、费用标准等变化的综合调整系数；

　　　I——拟建项目的其他费用。

4．综合指标投资估算法

综合指标投资估算法又称概算指标法，是依据国家有关规定(国家或行业、地方的定额、指标和取费标准以及设备和主材价格等)，从工程费用中的单项工程入手，来估算初始投资。采用这种方法，还需要相关部门提供较为详细的资料，有一定的估算深度，精确度相对较高。其估算要点如下。

(1) 设备和工器具购置费应分别进行估算。计算各单项工程的设备和工器具购置费，需主要设备的数量、出厂价格和相关运杂费资料，一般运杂费可按设备价格的百分比估算。进口设备要按照有关规定和项目实际情况估算进口环节的有关税费，并注明需要的外汇额。注意设备以外的零星设备费可按占主要设备费的比例估算，工器具购置费一般也按占主要设备费的比例估算。

(2) 安装工程费估算。在可行性研究阶段，安装工程费一般按照设备费的比例估算，其比例需要通过经验判定，并结合该装置的具体情况确定。安装工程费中含有进口材料的，也要按照有关规定和项目的实际情况估算进口环节的有关税费，并注明需要的外汇额。安

装工程费中的材料费应包括运杂费。

安装工程费也可按设备吨位乘以吨安装费指标，或安装实物量乘以相应的安装费指标估算。条件成熟的，可按概算法估算。

(3) 建筑工程费估算。建筑工程费的估算一般按单位综合指标法，即用工程量乘以相应的单位综合指标(如单位建筑面积(每平方米)投资、单位土石方(每立方米)投资等)估算。

(4) 其他费用的估算。其他费用种类较多，一般都需要按照国家、地方或部门的有关规定逐项估算。要注意随地区和项目性质的不同，费用科目可能会有所不同。在项目的初期，也可按照工程费用的百分比数综合估算。

(5) 基本预备费估算。基本预备费是以工程费用、其他费用之和为基数乘以适当的基本预备费率(百分数)估算，或按固定资产费用、无形资产费用和其他资产费用三部分之和为基数乘以适当的基本预备费率估算。预备费率的取值一般按行业规定，并结合估算深度确定。

(6) 涨价预备费估算。一般以年份工程费用为基数，分别估算各年的涨价预备费，再行加总，求得总的涨价预备费。

4.2.6　流动资金估算

流动资金估算一般采用分项详细估算法，个别小型项目采用扩大指标估算法。

1．分项详细估算法

要估算流动资金，应先对流动资产和流动负债分别进行估算。在可行性研究中，为了简化计算，仅对存货、现金、应收账款这三项流动资产和应付账款这项流动负债进行估算，计算公式为

$$流动资金=流动资产-流动负债 \tag{4-4}$$

其中

$$流动资产=应收账款+存货+现金$$

$$流动负债=应付账款$$

$$存货=外购原材料+外购燃料+在产品+产成品$$

$$外购原材料=年外购原材料总成本÷按种类分项周转次数 \tag{4-5}$$

$$外购燃料=年外购燃料总成本÷按种类分项周转次数$$

$$在产品=(年外购原材料+年外购燃料+年工资及福利费+年其他制造费用)/在产品周转次数$$

$$产成品=年经营成本÷产成品周转次数$$

$$现金需要量=(年工资及福利费+年其他费用)÷现金周转次数 \tag{4-6}$$

$$年其他费用=制造费用+管理费用+销售费用-(以上三项费用中所含的工资及福利费、$$
$$折旧费、维护费、摊销费、修理费)$$

$$应付账款=(年外购原材料+年外购燃料)÷应付账款周转次数$$

2．扩大指标估算法

(1) 按建设投资的一定比例估算。例如，国外化工企业的流动资金一般是按建设投资的

15%～20%计算。

(2) 按经营成本的一定比例估算。

(3) 按年销售收入的一定比例估算。

(4) 按单位产量占流动资金的比例估算。

流动资金一般在投产前开始筹措，从投产第一年开始按生产负荷进行安排，借款部分按全年计算利息。流动资金利息应计入财务费用，项目计算期末回收全部流动资金。

4.3　建设项目融资

项目融资(project finance)是以项目的资产、预期收益或权益作抵押取得的一种无追索权或有限追索权的融资或贷款。项目融资作为一种新的融资形式，为解决建设资金的短缺提供了一条新的思路，近年来受到各国特别是发展中国家的高度重视，并不断被应用于大型工程项目的建设中。我国应用项目融资的时间较短，从总体上看仍属探索阶段。积极推进项目融资在我国的应用与发展，是工程管理领域理论工作者和广大实际工作者的一项重要任务。

4.3.1　建设项目融资与传统的融资方式的区别

传统的融资也称为公司融资，是指企业依赖于自有资产负债及长期以来对外的信用，为企业及其项目筹措资金，是债权人拥有完全追索权的融资方式。它与建设项目融资的主要区别在于以下几个方面。

1．贷款对象不同

建设项目融资中，贷款的对象是项目，借款人是项目投资者或项目公司；而在传统的公司融资中，借款人是企业，企业将贷款用于何种目的或对象，贷款人不十分关注。

2．融资依据不同

建设项目融资中，贷款的主要依据是项目的资产价值和项目的现金流量，不是企业本身的资信，因此可预见的项目未来收益以及能否变现的项目资产价值是项目融资成功的基础；公司融资贷款发放的依据是借款人的信用等级、资产状况、经营历史和收益，以及能够提供的担保。

3．融资安全保证不同

建设项目融资中，贷款的安全保证主要依赖于项目资产的价值及变现的可能性；在传统的公司融资中，贷款的安全保证是借款人的资信和抵押物的价值。

4．追索程度不同

建设项目融资是有限追索或无追索融资，如果融资的依据完全依赖于项目未来的经济强度,则为无追索融资。当项目的经济强度不足以支撑一个无追索项目融资时,贷款人往往要求借款人提供除项目资产外的其他信用支持和有限的承诺,如果项目在建成后达不到预期收益、无法完全偿还贷款,则贷款人不能在合约规定的时间和范围外对项目借款人的其他资产进行追索。在传统的公司融资中,银行提供的是完全追索贷款,一旦借款人不能按期归还贷款,贷款人不但有权处理抵押资产,还有权追索借款人的其他资产,直到借款人完全清偿债务为止。

5.还款资金来源不同

建设项目融资中偿还贷款的资金来源被限制在项目本身产生的现金流量和收益;而在传统的公司融资中,偿还贷款的资金来源不局限于贷款的使用对象所产生的收益,还包括借款人的其他经营收益。

6.担保结构不同

建设项目融资贷款的担保结构比较复杂,它是由项目主要参与者和其他利益相关者提供的各种形式的担保所组成的一个信用保证体系,涉及项目的投资、建设、运行和项目产品或服务的销售等;传统的公司融资中,通常采用比较单一的担保结构,如抵押、质押或保证等。

7.贷款人参与管理的程度不同

建设项目融资中,银行参与项目监督和部分决策程序;传统的公司融资中,贷款人按借贷协议发放贷款,不参与公司的管理,也不监督公司的用款行为,借款人按借贷协议提款、还款。

8.会计处理方式不同

建设项目融资也称非公司负债型融资,是指项目的债务不表现在投资者的公司资产负债表中的一种融资形式。

4.3.2　建设项目融资的功能

建设项目融资与传统融资方式相比较,突出了下述三大功能。

1.筹资功能强

凡是大型建设项目,就投资而言,少则几亿元,多则上百亿元资金,一般投资者仅凭自己的筹资能力,很难筹集到建设项目的全部资金;同时,由于大型建设项目需要巨额投资,随之而来的投资风险也很大,这两个原因就决定了采用传统的融资方式是行不通的,而采用项目融资方式则可有效地解决这个问题。因为项目融资通常是无追索或有限追索形式的贷款,项目融资的能力大大超过投资者自身的筹资能力,并将投资风险分摊到与项目有关的各方,从而解决了大型工程项目的资金问题。

2. 融资方式灵活多样

无论是发达国家，还是发展中国家，政府能出资建设的项目是有限的，仅凭政府投资很难满足经济发展的需要，这主要是因为一国政府财政预算支出的规模和政府举债的数量要受综合国力的制约。在经济发展过程中，各相关产业的发展要求基础设施、能源、交通等大型工程项目先行，而项目融资则是解决繁重的项目建设任务与项目资金供给之间矛盾的一个有效途径。例如，为建设一条高等级的高速公路，政府不以直接投资者和借款人的身份参与该项目，而是为该项目提供专营特许权、市场保障等融资优惠条件，因此可以解决许多应由政府出资建设的项目资金问题，为政府财政支出减轻负担。

3. 实现项目风险分散和风险隔离

建设项目融资能够提高项目成功的可能性。项目融资的多方参与结构决定了可以在项目发起人、贷款人以及其他项目参与方之间分散项目风险，通过各方签订的项目融资协议，能够明确项目风险责任的分担。对于项目发起人来说，利用项目融资的债务屏蔽功能，实现资产负债表外融资，将贷款人的债务追索权限于项目公司，降低自身的财务风险。而贷款人也可以根据项目的预期收益和风险水平，要求发起人提供项目融资担保，在项目无法达到合理现金流时，能够最大限度地避免贷款风险。同时由于各方都承担风险，必然在融资过程中追求相应的回报，以促成项目的成功。

4.3.3 建设项目融资的适用范围

建设项目融资具有筹资能力强、风险分散等特点，从 20 世纪 50 年代银行利用产品支付贷款方式为石油、天然气项目进行融资活动开始，已成为大型能源项目国际性融资的主要手段。但同时项目融资也具有成本高、时间长的特点，因此项目融资主要应用于资金需求大、风险较高的大型工程项目，尤其是发电、高速公路、隧道、城市供水等基础设施以及其他建设规模大、具有长期稳定预期收入的项目。从各国应用工程项目融资方式的种类来看，主要有三大类项目适用工程项目融资方式进行融资。

(1) 资源开发项目，如石油、天然气、铜、铁、煤炭等。

(2) 基础设施项目，从各国实际来看，项目融资应用最多的是基础设施项目，此类项目分为两大类：第一类是公共设施项目，如电力、电信、自来水等；第二类是公共工程，如公路、铁路、桥梁、海底隧道等。

(3) 制造业项目，如大型轮船、飞机制造等。

4.3.4 建设项目融资的主要模式结构

融资结构是项目融资的核心部分，项目的投资者确定了项目实体的投资结构后，一项重要的工作就是设计合适的融资模式以筹集项目所需资金。项目融资通常采取的融资模式有：利用"设施使用协议"融资、以"产品支付"融资、BOT 模式、ABS 融资、以"杠杆

租赁"融资等。实际运作中还可以根据需要对几种模式进行组合。

1. 以"设施使用协议"为基础的项目融资模式

国际上，一些项目融资是围绕着一个服务性设施或工业设施的使用协议作为主体安排的。这种设施使用协议是指在某种服务性设施或工业设施的提供者和使用者之间达成的一种具有"无论提货与否均需付款"性质的协议。项目公司以"设施使用协议"为基础安排项目融资，主要应用于一些带有服务性质的项目，如石油、天然气管道、发电设施、某种专门产品的运输系统以及港口、铁路设施等。20世纪80年代以来，这种融资模式也被引入到工业项目中。

利用"设施使用协议"安排项目融资，其成败的关键是项目设施的使用者能否提供一个强有力的具有"无论提货与否均需付款"性质的承诺。这个承诺要求项目设施的使用者在融资期间无条件地定期向设施的提供者支付一定数量的预先确定下来的项目设施使用费，而无论使用者是否真正使用了项目设施所提供的服务。

2. 以"产品支付"为基础的项目融资模式

"产品支付"是在石油、天然气和矿产品项目中常使用的无追索权或有有限追索权的融资模式，是项目融资的早期模式，起源于20世纪50年代美国的石油、天然气项目开发的融资安排。项目公司以收益作为项目融资的主要偿债资金来源，即贷款得到偿还之前，贷款银行拥有项目的部分或全部产品。当然，这并不是说贷款银行真的要储存几亿桶石油或足以满足一座城市需要的电力，在绝大多数情况下，产品支付只是产权的转移，而非产品本身的转移。通常，贷款银行要求项目公司重新购回它们的产品或充当它们的代理人来销售这些产品。

以"产品支付"为基础的融资模式适用于资源贮藏量已经探明并且项目的现金流量能够比较准确地计算出来的项目。这种模式所能安排的资金数量取决于所购买的那一部分产品的预期收益按照一定贴现率计算出来的净现值。对于那些资源属于国家所有，项目公司只能获得资源开采权的项目，"产品支付"的信用保证是通过购买项目未来生产的现金流量，加上资源开采权和项目资产的抵押来实现的。

3. BOT项目融资模式

BOT是build-operate-transfer的缩写，即建设—经营—移交，它是指政府将一个建设项目的特许经营权授予承包商，承包商在特许期内负责项目设计、融资、建设和运营，并回收成本、偿还债务、赚取利润，特许经营期结束后将项目所有权再移交给政府的一种项目融资模式。实际上，BOT融资模式是政府与承包商合作经营项目的一种特殊运作模式，从20世纪80年代产生以来，越来越受到各国政府的重视，成为各国基础设施建设及资源开发等大型项目融资中较受欢迎的一种融资模式。BOT融资在我国也称为"特许经营权融资方式"，主要以外资为融资对象，其含义是指国家或者地方政府部门通过特许经营协议，授予签约方的外商投资企业(包括中外合资、中外合作、外商独资)承担公共性基础设施项目的融资、建造、经营与维护；在协议规定的特许期限内，项目公司拥有投资建造设施的所有权，允许向设施使用者提供适当的费用，由此回收项目投资、经营和维护成本并获得合理的回报；特许期满后，项目公司的设施无偿地移交给签约方政府部门。

4．ABS 项目融资模式

ABS 是 asset-backed-securitization 的缩写，即资产支持型资产证券化，简称资产证券化。资产证券化是指将缺乏流动性，但能够产生可预见的、稳定的现金流量的资产归集起来，通过一定的结构安排，对资产中风险与收益要素进行分离与重组，进而转化为在金融市场上可以出售和流通的证券的过程。

ABS 起源于 20 世纪 80 年代，由于具有创新的融资结构和高效的载体，满足了各类资产和项目发起人的需要，从而成为当今国际资本市场中发展最快、最具活力的金融产品。

ABS 融资有以下两种方式。

(1) 通过项目收益资产证券化来为项目融资，即以项目所拥有的资产为基础，以项目资产可以带来的预期收益为保证，通过在资本市场发行债券来募集资金的一种证券化融资方式。具体来讲是项目发起人将项目资产出售给特设机构，特设机构凭借项目未来可预见的稳定的现金流，并通过寻求担保等信用增级手段，将不可流动的项目收益资产转变为流动性较高、具有投资价值的高等级债券，通过在国际资本市场上发行，一次性地为项目建设融得资金，并依靠未来收益还本付息。

(2) 通过与项目有关的信贷资产债券化来为项目融资，即项目的贷款银行将项目贷款资产作为基础资产，或是与其他具有共同特征的、流动性较差但能产生可预见的稳定现金流的贷款资产组合成资产池，通过信用增级等手段使其转变为具有投资价值的高等级债券，通过在国际市场发行债券来进行融资，降低银行的不良贷款比率，从而提高银行为项目提供贷款的积极性，间接地为项目融资服务。

ABS 项目融资方式适用于房地产、水、电、道路、桥梁、铁路等收入安全、持续、稳定的项目。一些由于某些原因不宜采用 BOT 模式的关系国计民生的重大项目也可以考虑采用 ABS 方式进行融资。

5．以"杠杆租赁"为基础的项目融资模式

以"杠杆租赁"为基础的项目融资模式是指在项目投资者的要求和安排下，由有两个或两个以上的专业租赁公司、银行以及其他金融机构等以合伙制形式组成的合伙制金融租赁公司作为出租人，融资购买项目的资产，然后租赁给作为承租人的项目公司的一种融资模式。当租赁公司的成本全部收回并且获得了相应的回报且租赁期满后，项目发起人的一个相关公司可以将项目资产以事先商定的价格购买回去，或者有关项目公司以代理人的身份代理租赁公司把资产以其可以接受的价格卖掉，售价大部分会当作代销手续费由租赁公司返还给项目公司。

4.3.5　项目融资的参与者

由于项目融资的结构要比传统融资方式复杂得多，所以参与融资结构并发挥不同作用

的利益主体也比传统方式多，概括起来，项目投资的参与者主要包括以下几个方面：项目发起人，项目的直接主办人(项目主体)，贷款人，项目产品或服务的承购商，项目建设的承包商，项目设备、能源及原材料供应者，保险机构，项目融资顾问，项目管理公司，有关政府机构，法律和税务顾问，其他项目参与者等。

1．项目发起人

项目发起人是项目的实际投资者和主办者，又是项目公司的股本投资者和特殊债务(如无担保贷款)的提供者和担保者，通过项目的投资活动和经营活动，实现投资项目的综合目标要求。

项目发起人可以是一家公司，也可以是由多个投资者组成的联合体。在有限追索的项目融资结构中，项目发起人除了拥有项目公司的全部或部分股权，并提供一部分股本资金外，还需以直接担保或者间接担保的形式为项目公司提供一定的信用支持。项目发起人在融资中需要承担的责任和义务以及需要提供担保的性质、金额及限期，主要取决于项目的经济强度和贷款银行的要求，由借贷双方通过谈判决定。

2．项目的直接主办人

项目的直接主办人是指直接参与项目投资和项目管理，直接承担项目债务责任和项目风险的法律实体。

项目融资中一个普遍的做法是成立一个目的单一的项目公司，作为项目的直接主办人。项目公司可以是一个真正的实体，即实际拥有项目管理所必需的生产技术、管理、人员条件；也可以是一个法律上拥有项目资产的公司，实际的项目运作委托给富有生产经验的专业管理公司负责。

3．贷款人

贷款人是指项目融资债务资金的主要来源，一般为商业银行、非银行金融机构(如租赁公司、财务公司、某种类型的投资基金等)和一些国家的出口信贷机构。大规模项目融资时，由十几家甚至几十家机构组成的国际银团对项目贷款，称为辛迪加贷款。

贷款人在决定为借款人放款之前，对风险的评估都有严格的程序，借款人必须符合要求才能得到资金。对于高风险的贷款，贷款人希望通过组织银团的方式减少和分散项目风险，因此项目的风险(特别是项目所在国的国家风险)是影响贷款人参与数目的主要因素。

4．项目产品或服务的承购商

在项目谈判阶段，一般要确定产品或服务的承购商并签订协议，以便减少或者分散项目的市场风险，保证项目建成后有足够的现金流量用于还本付息。

项目产品或服务的承购商是构成项目融资信用保证的关键之一。他们通过与项目直接主办人签订长期的购买合同，保证了项目的市场和现金流量，为发起者和项目的贷款提供重要的信用保证。

项目产品的购买者可以是项目发起人本身、对项目产品感兴趣的第三方及有关的政府机构。作为项目融资的一个重要参与者，他们可以直接参加融资谈判，确定项目产品的最小承购数量和价格公式。

5．项目建设的承包商

项目建设承包商的资金情况、工程技术能力和以往的经营历史记录，可以在很大程度上影响项目融资的贷款人对项目建设期风险的判断，从而影响项目融资有限追索的程度。

6．项目设备、能源及原材料供应者

项目设备、能源及原材料的供应者在保证项目按时竣工中起着十分重要的作用，因此，其资信水平和经营作风成为贷款银行考虑是否发放贷款的重要因素。

项目设备供应者通过延期付款或者低息优惠出口信贷的优惠为项目节约的资金，是构成项目资金的一个重要来源。而项目能源及原材料的供应者为了寻找长期稳定的市场，在一定条件下愿意以长期的优惠价格为条件，为项目供应能源和原材料。这种安排有助于减少项目初期及项目经营期的诸多不确定因素，为项目发起人安排项目融资提供了便利条件。

7．保险机构

项目融资的巨大资金规模和遭受各种各样损失的可能性，加之项目融资的有限追索特征，要求项目各参与方准确地认定自己面临的主要风险，并及时投保。必要的保险是项目融资的一个重要方面。

8．项目融资顾问

由于项目在融资结构、可能的担保安排和资本结构上差别很大，因此聘请经验丰富的项目融资顾问对保证项目融资的最终成功起着十分关键的作用。项目融资顾问通常由投资银行、财务公司或商业银行中的项目融资部门来担任，在项目融资中通常要求融资顾问准确了解项目投资者的目标和具体要求，熟悉项目所在国的政治经济结构、投资环境、法律和税务政策，对项目本身及项目所属行业的技术发展趋势、成本结构、投资费用等有比较清楚的认识，掌握当前金融市场的变化动向和各种新的融资手段，与主要银行和金融机构有良好的关系，具备丰富的谈判经验和技巧。

项目融资顾问的任务通常是充分考虑各个与融资有关利益主体的融资目标和要求，通过对融资方案的反复设计、分析、比较和谈判，最后形成一个既能在很大程度上保护项目投资者的利益，又能被贷款银行及其他利益相关方接受的融资方案。

9．项目管理公司

在大多数工程项目中，项目公司并不负责项目的经营和管理，而是指定由一家独立的公司负责项目完工后的经营管理工作，这一公司通常被称为项目管理公司，它代表项目公司负责项目的日常经营管理事务。由于项目融资中贷款人比较关心项目进入经营期后产生现金流量的能力，因此，项目管理公司的经济背景、管理能力、资金能力和管理经验、资信水平也成为贷款人很关心的问题，有时甚至会影响项目融资的成功与否。项目管理公司一般是第三方经济实体，但有时也可能是项目发起人之一充当该角色。

10．有关政府机构

政府机构能在项目融资中起多方面的作用。

微观方面，有关政府机构可以为项目的开发提供土地、良好的基础设施、长期稳定的能源供应、某种形式的经营特许权，减少项目的建设风险和经营风险。同时有关政府机构可以为项目提供条件优惠的出口信贷和其他类型的贷款或贷款担保，这种贷款或贷款担保可以作为一种准股本资金进入项目，促进项目融资的完成。

宏观方面，有关政府机构可以为项目建设提供一种良好的投资环境，如利用批准特殊外汇政策或特殊税务结构等种种优惠政策降低项目的综合债务成本，提高项目的经济强度和可融资性。

11．法律和税务顾问

富有经验的法律和税务顾问是项目融资发起人不可或缺的助手。项目融资各参与方之间大多是合同关系，复杂的项目文件的起草和审核要求项目融资要有资深法律顾问的参与，在很多情况下，项目融资中税务结构的巧妙设计会使得项目更好地达到有限追索的目的，充分利用税务亏损降低资金综合成本，这需要经验丰富的税务顾问来完成。

12．其他项目参与者

在项目融资实务中，还有其他项目参与者发挥其独特的作用，如金融顾问、信用评估机构、当地管理者、财务部门、律师和其他专业人士等。所以，具体的项目融资操作过程是十分复杂的。

4.4　资　本　成　本

4.4.1　资本成本的概念

我们知道，利率(或折现率)是一种媒介物，借助它可以来判断投资机会或方案的吸引力。然而，事实上利率是未知的。我们同时面临两种决策，即筹资决策与投资决策。

投资决策与筹资决策是互相关联的，因为投资方案的取舍取决于筹集方案所需要的资金。筹资是要付出代价的，这个代价就是资金筹集的成本，简称资本成本，通常用百分数表示，即单位时间里每筹集一元资金付出的代价。显然，评价投资方案所使用的利率或折现率是方案筹资成本的函数。

资本成本由资金筹集成本和资金使用成本两部分组成。资金筹集成本即资金筹集费，是指在资金筹集过程中支付的各项费用，如发行股票、债券支付的印刷费、发行手续费、律师费、资信评估费、公证费、担保费、广告费等。资金使用成本是指使用资金支付的费用，如股票的股息、银行借款和债券利息等。相比之下，资金使用成本是融资过程中经常发生的，而资金筹集成本通常在筹集资金时一次性发生，因此在计算资本成本时可作为筹资金额的一项扣除。

4.4.2　不同来源资金的资本成本

投资项目所投入的资金有四个基本来源，即债务、债券、股票和保留盈余。

1．债务

债务就是必须返还的资金。除了借入的资金以外，如果发行的是债券的话，还必须返还本息(本金+利息)，这也被称为债务。

2．债券

债券是借款单位为筹集资金而发行的一种信用凭证，它证明持券人有权按期取得固定利息并到期收回本金。

1) 我国发行的债券种类

(1) 国家债券，又称公债、国库券，是国家以信用方式从社会上筹集资金的一种重要工具。20 世纪 80 年代的"国库券"与 50 年代的"公债"主要区别在于，"公债"的对象主要是个人，而国库券发行的对象不仅限于个人，还包括国有企业、集体所有制企业、企业主管部门、地方政府和机关团体、部队、事业单位等。"公债"及"国库券"的发行对稳定物价、弥补财政赤字、争取财政收支平衡，以及筹集资金，保证国家重点建设，推动国民经济全面协调发展等发挥了积极的作用。

(2) 地方政府债券，是由地方政府发行的债券，筹措的资金主要用于地方的能源、交通、市政设施等重点工程建设，发行的对象主要是地方政府所辖范围内的企事业单位、城乡居民个人。

(3) 企业债券，又称公司债券。企业债券是指由企业发行的债券，根据国务院颁布的《企业债券管理暂行条例》，中国人民银行是企业债券的主管机关，企业发行债券须经中国人民银行批准。

企业发行的债券总金额不得超过企业的自有资产净值。投资项目必须经有关部门审查批准，纳入国家控制的固定资产投资规模，债券的利率不得高于定期存款利率的 20%。

(4) 金融债券，是金融机构为筹措资金而发行的债券。目前我国发行的金融债券有建设银行债券、工商银行债券、农业银行债券、中国银行债券等，主要向个人发行，分一年、二年、三年期，均为有息债券。

债券的价格包括票面价格、发行价格和市场价格。票面价格即指债券券面上所标明的金额；发行价格即债券的募集价格，是债券发行时投资者对确定票面价格的债券所付的购买金额；债券的市场价格是指债券发行后在证券流通市场上的买卖价格。债券的发行与转让分别通过债券发行市场和债券转让市场进行。

2) 债券筹资的优缺点和应注意事项

(1) 债券筹资的主要优缺点如表 4-2 所示。

(2) 发行债券应注意的事项如下。

① 对企业未来盈利状况的预测。如果预测企业在未来市场销售情况良好，盈利稳定，

则可以考虑发行债券；反之，则不宜发行。

② 对未来物价水平的预测。如果预期未来物价上升很快，企业在偿付债务时，币值已降低，发行债券则对企业有利；反之，则不宜发行。

③ 资本结构。如果企业负债比率已经很高，则不宜发行债券；反之，则可以考虑发行。

④ 在发行债券前，还应考虑债券合约中限制企业营业和决策的各种条款会对企业产生何种影响。

3．股票

股票是股份公司发给股东作为已投资入股的证书和索取股息的凭证。它是可作为买卖对象或抵押品的有价证券。

1) 股份有限公司

股份有限公司是按照一定章程和法定程序集资合营的一种企业组织形式，其成立方式往往是由企业发起者把预定的企业总资本分成若干股份，通过发行股票，把分散的资本集中起来而构成企业的总资本。股票持有人在名义上都是公司的股东，股东大会是公司的最高权力机关，由它决定企业的重要事宜，并选出董事会来领导企业的活动。股票持有者有权按持有的股票取得利息或分红，但不能退股，只能将股票出售。股份公司的股东，对公司债务所负的清偿责任，以所持股份的金额为限，不以其私人全部财产负责。从19世纪50年代之后起，股份公司已广泛流行于资本主义各国，目前已成为西方国家中企业的最普遍形式。20世纪50年代，我国也曾经存在着相当数量的股份公司；到80年代，随着我国经济体制改革、经济联合的发展，开始建立了公有制企业联合、劳动者集资联合、中外联合的股份公司。股份有限公司的优点如下。

(1) 可以广泛筹集社会资金，又可分散投资风险，相应满足投资者的利益，解决了社会化大生产发展需要集中大量资金和资金分属不同所有者之间的矛盾。

(2) 通过大量资本集中，使整个生产规模得以迅速扩大，促进技术进步。

(3) 由于实现了企业所有权与经营权的分离，通过人才的竞争机制，使那些具有管理经验和技能的企业家掌握了企业经营管理权，独立自主地从事生产经营。

(4) 随着生产国际化和资本国际化的发展，购买别国股份公司的股票已成为国际投资的重要形式，股票成为吸引外资的重要渠道。

(5) 股份公司由于产权相对独立，股东虽然可以自由买卖股票，但无权向公司要回股本。公司作为独立法人拥有直接处置资产的各种权力，这就从财产上保证企业的生产连续性和稳定性。

2) 股票的种类

按股东承担风险和享有权益的大小，股票可分为优先股和普通股两大类。

(1) 优先股：在公司利润分配方面较普通股有优先权的股份。优先股的股东，按一定的比率取得固定股息；企业倒闭时，能优先得到剩下的可分配给股东的部分财产。优先股可分为积累优先股(在领取股息时，当年股息不足既定比例，翌年补发)、非积累优先股(当年股息不足既定比例，不再补发)、参加优先股(除按规定比率领取股息外，还能同普通股共同参加利润分配)和非参加优先股(不能参加利润分配)。

(2) 普通股：在公司利润分配方面享有普通权利的股份。普通股可分为记名的与不记名的，亦可分为有面值的与无面值的。除能分得股息外，还可在公司盈利较多时再分享红利，所以普通股获利水平与公司盈亏息息相关。股票持有人不仅据此可分摊股息和获得股票涨价时的利益，且有选举该公司董事、监事的机会，参与公司管理的权利，股东大会的选举权根据普通股持有额计票。

3）股票筹资的优缺点

股票筹资的优缺点如表 4-2 所示。

表 4-2　债券和股票筹资的优缺点

融资工具	优　点	缺　点
债券	①支出固定。由于债券利息固定，不论企业将来盈利有多大，债券持有者不能像股东一样参加企业利润的分配 ②企业控制权不变。债券持有者无权选举董事，参与企业管理，因此公司原有投资者的控制权不因企业发行债券而受影响 ③少纳所得税。债券利息以税前利润支付，如果所得税为 33%，实际上等于政府为企业负担了债券利息的 33% ④如果企业投资报酬率(即全部资金收益率)大于利息率，由于财务杠杆的作用，发行债券可提高股东投资报酬率	①债券利息为固定费用。如果企业盈利波动较大，有可能不能按期偿付本息，企业风险较大 ②会提高企业负债比率，增加企业风险，降低企业的财务信誉 ③债券合约的条款，常常对企业的经营管理有较多的限制，如限制企业在借款期内再向别人借款，限制分发股息等 ④发行债券有一定的限度，如超过负债比例，借债成本会大幅度提高或无法发行
股票	①以股票筹资是一种有弹性的融资方式，由于股息或红利不像利息那样必须按期支付，当公司经营不佳或现金短缺时，董事会有权决定不发股息或红利，因而公司融资风险低 ②股票无到期日，其投资属永久性质，公司无须为偿还资金而担心 ③发行股票筹集资金，可降低公司负债比率，提高公司财务信用，增强公司今后的融资能力	①资金成本高。购买股票承担的风险比购买债券高，投资者只有在股票的投资报酬高于债券的利息收入时，才愿意投资于股票。另外债券利息可计入生产成本，而股息和红利须在税后利润中支付，这样就使股票筹资的资金成本大大高于债券筹资的资金成本 ②增发普通股须给新股东投票权和控制权，降低原有股东的控制权

4．保留盈余

保留盈余是指公司历年累积之纯益，未以现金或其他资产方式分配给股东、转为资本或资本公积的资金，或历年累积亏损未经以资本公积弥补的部分，是把公司的一部分盈利留在企业作为再投资之用。

4.4.3 不同来源资金的资本成本的计算

一个投资项目资金的来源往往是多渠道的,因此,我们必须用总的资本成本作为方案的评价标准。为了计算投资项目的总资本成本,有必要研究从各种渠道取得资金的资本成本。本节将研究如何计算各种筹资渠道的资本成本,并且把各种资本成本综合为项目的实际资本成本。

在计算各种筹资渠道的资本成本时,我们以所得税后的情况为基础表示所有款项的数量,使求出的总资本成本建立在一个可比较的税后基础上。把每种资本的货币支付成本确定之后,再把它们综合成为加权平均资本成本或称总资本成本,用加权平均资本成本作为有吸引力的最低收益率,也就是判断方案可否采纳的临界值。

1. 债务资本成本

债务资本有许多来源。例如以普通借贷方式从银行和保险公司取得短期借款;以出售公债和抵押设备的方式从金融证券公司或从社会上取得长期贷款。就资本成本而言,长期借款和短期借款的成本计算方法是相同的。债务资本成本与其他形式的资本成本之间的主要区别在于:为借款支付的利息可以免征所得税,同时这种资本成本是以税后数据为基础计算的。

债务资本成本可以通过下列公式求得:

$$P_0 = C_0 + \frac{C_1}{1+k} + \frac{C_2}{(1+k)^2} + \cdots + \frac{C_n}{(1+k)^n} \tag{4-7}$$

或

$$P_0 = P_0 \times f + \frac{C_1}{1+k} + \frac{C_2}{(1+k)^2} + \cdots + \frac{C_n}{(1+k)^n} \tag{4-8}$$

式中:C_0——$t=0$ 时借款与发行证券费用的一项税后现金流,$C_0 = P_0 \times f$;

P_0——$t=0$ 时项目筹集到的短期或长期借款;

f—— 借款手续费率,借款手续费包括注册费、付给银行的包销、代销等手续费等;

C_1,C_2,$\cdots$,C_n——在项目寿命期内支付的借款利息和本金的税后现金流出;

k——借入资本成本。

1) 长期借款的资本成本

短期债务的资本成本是缴纳所得税后的实际年利息。由于支付贷款利息可以减少税前利润而少缴所得税,因此实际支付的贷款利息应为:贷款利息×(1-所得税税率)。设实际借款的资本成本为 k_1,令式(4-8)中的 $C_1=C_2=\cdots=C$,$C=P_0 \times i \times (1-T_e)$,当 $n \to \infty$ 时,则

$$k_1 = i \times \frac{1-T_e}{1-f} \tag{4-9}$$

式中:i——借款年实际利率。

T_e——实际所得税税率。

如果借款利息支付周期比利率周期(一般为年)短,就必须根据名义利率计算实际利率。

设 r 为借款的名义利率，m 为每年计息次数，求借款的税后实际年资本成本的公式为

$$k_1 = \left[\left(1 + \frac{r}{m} \right)^m - 1 \right] \frac{1 - T_e}{1 - f} \tag{4-10}$$

例 4-1　按年利率 6%借入的资金总额为 20 000 元，在借款期内每年支付利息 4 次，假设实际所得税税率为 33%，$f=0$，这项借款的实际利率是多少？

解： 由式(4-10)得

$$k_1 = \left[\left(1 + \frac{0.06}{4} \right)^4 - 1 \right] \times (1 - 0.33) = 4.1\%$$

2）债券的资本成本

设债券销售价格为 P_0，发行债券实际筹措的资金为 $P_0 \times (1 - f)$，若在第 t 年内支付债券本金为 F_t，利息为 I_t，则债券的税后筹资成本可通过下式求得：

$$P_0(1 - f) = \sum_{t=1}^{n} \frac{F_t + I_t(1 - T_e)}{(1 + k_b)^t} \tag{4-11}$$

如果在最后一年一次偿还本金，那么式(4-11)可演变为

$$P_0(1 - f) = \sum_{t=1}^{n} \frac{I_t(1 - T_e)}{(1 + k_b)^t} + \frac{F}{(1 + k_b)^t} \tag{4-12}$$

式中：F——债券票面价格。

债券发行时，其出售的实际价格常常不同于其票面价值。如果出售时的实际价格低于其票面价值称为折价发行；出售时的实际价格高于其票面价值时称为溢价发行；出售时的实际价格等于其票面价值，则称为平价发行。

当债券的售价与其票面价值之间存在差异时，溢价与折价必须由发行者摊还，我们把全部摊还的折扣和溢价的纳税部分作为债券期限内每年的额外支出或额外收入。为了更具体地说明这一点，令 A_t 表示年摊还额(折扣或溢价)，P_0 表示债券出售时的实际价格。

$$A_t = \frac{1}{N} \times (F - P_0) \tag{4-13}$$

如果债券以折价出售$(F > P_0)$，则式(4-13)中的 A_t 是正值；如果债券按溢价出售$(P_0 > F)$，则 A_t 是负值。由于摊还费用可以不计所得税，则包括利息在内的净现金流出是

$$\left[I_t + \frac{1}{N}(F - P_0) \right](1 - T_e)$$

则根据式(4-6)债券的近似税后成本可用下式表示。

$$k_b = \frac{[I_t + (F - P_0)/N](1 - T_e)}{P_0(1 - f)} \tag{4-14}$$

例 4-2　某制造公司发行了一期债券，每张债券的票面值为 1000 元，年利率为 8%。债券 10 年期满。发行时每张债券的最高售价为 910 元。$F=0$，设所得税税率为 33%，求该公司这笔新借入资本的税后实际成本是多少？

解： 由式(4-14)得

$$k_b=[1000×8\%+(1000-910)÷10]×(1-33\%)÷910$$
$$=6.55\%$$

2．股票资本成本

1）优先股的资本成本

股票是股份公司发给股东作为已投资入股的证书和索取股息的凭证。它可作为买卖对象或抵押品的有价证券。

按股东承担风险和享有权益的大小，股票可分为普通股和优先股两大类。与债券不同，优先股股息要用税后净利来支付，因此这种股息的支付不能减少应缴纳的所得税。由于优先股是代表公司中所有权的一种形式，它对股份的偿还没有契约性的要求，如果公司无限期地持有优先股，每年股息相等，则可把它视同永续年金，其资本成本可用以下公式表示：

$$k_p = \frac{D_p}{P_0(1-f)} \tag{4-15}$$

式中：D_p——从税后所得中支付的优先股股息；

P_0——发行优先股股票的价格。

例4-3 某公司有可能出售一种股息为9%的优先股票(票面值为100元)，同时每张股票的净所得为96元，$f=0$。发行优先股股票的资本成本为

$$k_p = 0.09×100÷96 = 9.38\%$$

应当注意，这项成本并不因所得税而变动，因为全部股息是从税后所得中支出的。所以，优先股的货币支付成本实际上通常比债务资本的成本要高些。

2）普通股票的资本成本

普通股票是指在公司利润分配方面享有普通权利的股份。普通股可分为记名的与不记名的，亦可分为有面值的和无面值的，除能分得股息外，还可在公司盈利较多时再分享红利。所以普通股的获利水平与公司盈亏息息相关。

从理论上讲，普通股票的资本成本是难以测定的，但是以一些简化的假设作前提，建立某些计算模型还是比较容易的。这里就不多介绍了。

3．保留盈余的资本成本

对多数公司来说，为扩建和改建现有资产而新筹集的大量资金来自保留盈余。粗看起来似乎保留盈余是不需要支付成本的，然而从以下两个方面看，这个看法是不能成立的。第一，所保留的盈利并不属于公司所有，而是属于股东们所有；第二，存在一个机会成本，这个机会成本就是股东们在他们自己收入之外所放弃的股息。

假设对股息不征税，则保留这些未分配盈利的最低成本是股本资本成本本身，因为公司可以首先把它的全部盈利作为股息分给股东，然后作为新发行的普通股票收回。用此方法取得的最终结果是一样的，即公司在税后筹集了相同数量的资金。

如果公司制定的方案所提供的报酬达不到 k_c，而股东们在市场上能找到提供这样的报酬或更好报酬的其他公司股票，则公司应该把它现有的盈利分配给股东们，而不是把股东们的保留盈余投入到报酬较低的方案中去，只有这样才能稳定股票的市场价格。从长远看，

这也有利于降低股本资本成本。

计算保留盈余资本成本的另一种通用方法是"外部获利标准"。该法的指导思想是：公司应该把外部投资机会作为保留盈余的一种可能利用的机会，同时把以前放弃的最好外部投资机会提供的盈利作为机会成本。

思考与练习

1. 建设项目所需的总投资由几部分组成？

2. 建设项目投资的特点是什么？

3. 建设项目资金由哪几部分组成？

4. 投资估算的内容和作用分别是什么？

5. 建设投资估算有几种方法？

6. 流动资金估算有几种方法？

7. 建设项目融资与传统的融资方式有何异同？

8. 项目融资有哪几种模式？各有何特点？

9. 项目融资的参与者有哪些？

10. 什么是资本成本？各种不同来源的资本成本如何计算？

11. 公司从银行借款 10 万元，年利率为 8%，公司所得税税率为 33%，筹资费假设为零，如果按下列方式支付利息，试计算借款的资本成本。

(1) 一年分四次支付利息。

(2) 一年分十二次支付利息。

(3) 一年分两次支付利息。

第5章 工程项目不确定性分析

【知识目标】

◆ 掌握不确定性分析的基本原理。

◆ 掌握不确定性分析的三种方法。

【技能目标】

运用不确定性分析的方法分析和解决实际问题。

【引言】

工程项目投资决策是面对未来，我们做项目方案评价时所采用的评价指标，如净现值、内部收益率等，其计算所用的初始投资、年收益、年费用、残值、基准收益率、方案寿命期等基本来自各方面的估算和预测，有一定程度的不确定性和风险。为了尽量避免投资决策失误，有必要进行风险和不确定性分析。所谓工程项目的不确定性分析，就是考察建设投资、经营成本、产品售价、销售量、项目寿命等因素变化时，对项目经济评价指标所产生的影响。这种影响越强烈，表明所评价的项目方案对某个或某些因素越敏感，对于这些敏感因素，要求项目决策者和投资者予以充分的重视和考虑。工程项目不确定性分析的方法包括盈亏平衡分析、敏感性分析和概率分析。

5.1 盈亏平衡分析

盈亏平衡分析是在完全竞争或垄断竞争的市场条件下，研究工程项目特别是工业项目产品生产成本、产销量与盈利的平衡关系的方法。对于一个工程项目而言，随着产销量的变化，盈利与亏损之间一般至少有一个转折点，我们称这个转折点为盈亏平衡点。在这个点上，销售收入与成本费用相等，既不亏损也不盈利。盈亏平衡分析就是要找出项目方案的盈亏平衡点。盈亏平衡可分为线性平衡分析和非线性平衡分析。这里仅介绍线性盈亏平衡分析。

盈亏平衡分析的基本方法是建立成本与产量、销售收入与产量之间的函数关系，通过对这两个函数及其图形的分析，找出盈亏平衡点。盈亏平衡点取决于三个因素：固定成本、可变成本和单位产品价格。

线性平衡分析的基本公式为

年销售收入方程：$R=PQ$

年总成本费用方程：$C=F+VQ$

年利润方程：$E=R-C=(P-V)Q-F$ $\qquad$ (5-1)

在盈亏平衡点处，利润为零，即

$$R=C, \quad PQ=F+VQ$$

则盈亏平衡点产量为

$$Q^*=\frac{F}{P-V} \qquad (5-2)$$

式中：Q——产量；

R——销售收入；

C——生产成本；

E——企业的利润；

F——固定成本；

V——单位产品可变成本；

P——产品价格；

Q^*——企业盈亏时的产量，即保本时的

产量。

图 5-1 为盈亏平衡分析图。

由图 5-1 可见，企业的产量须大于盈亏平衡产量时才能盈利，否则即为亏损。

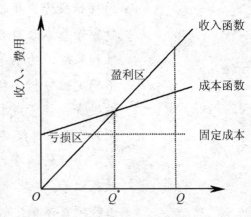

图 5-1 线性盈亏平衡分析图

例 5-1 某企业生产某种产品，每件产品的售价为 50 元，单位可变成本为 28 元，年固定成本为 66 000 元，求企业的最低产量、企业产品产量为 5000 件时的利润，以及企业年利润达到 60 000 元时的产量。

解： (1) 求盈亏平衡点的产量 Q^*。由式(5-2)得

$$Q^* = \frac{F}{P-V} = \frac{66\,000}{50-28} = 3000(件)$$

所以，该工厂的最低产量为 3000 件。

(2) 若产品产量为 5000 件，由式(5-1)得年获利润为

$$E=(P-V)Q-F=(50-28)\times5000-66\,000=44\,000(元)$$

即当产量达到 5000 件，每年可获利 44 000 元。

(3) 若预期利润达到 60 000 元时，则产量应为

$$Q = \frac{E+F}{P-V} = \frac{60\,000+66\,000}{50-28} = 5727(件)$$

即当产量达到 5727 件时可获利 60 000 元。

5.2　敏感性分析

敏感性分析是通过分析、预测项目主要因素发生变化时对经济评价指标的影响，从中找出敏感性因素，并确定其影响程度。

在项目计算期内可能发生变化的因素如下。

(1) 投资额，包括固定资产投资与流动资金占用。

(2) 项目建设期限、投产期限。

(3) 产品产量以及销售量。

(4) 产品价格或主要原材料与动力价格。

(5) 经营成本，特别是其中的变动成本。

(6) 项目寿命期。

(7) 项目寿命期末的资产残值。

(8) 折现率。

(9) 外币汇率。

根据每次变动因素数目的不同，敏感性分析方法可分为单因素敏感性分析和多因素敏感性分析。

5.2.1　单因素敏感性分析

每次只有一个变动因素，而其他因素保持不变时所进行的敏感性分析，称为单因素敏感性分析。

敏感性分析的基本步骤如下。

(1) 确定方案敏感性分析的具体经济效果评价指标。一般可采用净现值、净年值、内部收益率、投资回收期等作为分析评价指标，主要针对项目的具体情况和实际需要进行选择。

(2) 选择影响方案经济效果指标的主要变量因素，并设定这些因素的变动范围。

(3) 计算各变量因素在可能的变动范围内发生不同幅度变动所导致的方案经济效果指标的变动结果，建立起一一对应的数量关系，并用图或表的形式表示出来。

(4) 确定敏感因素，对方案的风险情况做出判断。

例 5-2 设某投资方案的初始投资为 3000 万元，年净收益为 480 万元，寿命期为 10 年，基准收益率为 10%，期末残值为 200 万元。试对主要参数如初始投资、年净收益、寿命期和基准收益率单独变化时的净现值做单因素敏感性分析。

解：(1) 确定方案经济效果评价指标——净现值。

(2) 设各因素变化率为 k，变化范围为±30%，间隔为10%。

(3) 计算各因素单独变化时所得净现值。用 $NPV_j(j=1, 2, 3, 4)$ 分别表示初始投资、年净收益、寿命期和基准收益率单独变化时的净现值，其计算公式为

$$NPV_1=480(P/A,10\%,10)+200(P/F,10\%,10)-3000(1+k)$$

$$NPV_2=480(1+k)(P/A,10\%,10)+200(P/F,10\%,10)-3000$$

$$NPV_3=480(P/A,10\%,10(1+k))+200(P/F,10\%,10(1+k))-3000$$

$$NPV_4=480(P/A,10\%(1+k),10)+200(P/F,10\%(1+k),10)-3000$$

计算结果如表 5-1 所示。

表 5-1　各参数单独变化时的净现值

参　数 ＼ 变化率 k	−30%	−20%	−10%	0	10%	20%	10%
初始投资	927	627	327	27	−273	−573	−873
年净收益	−858	−563	−268	27	321	616	911
寿命期	−560	−346	−151	27	170	334	468
基准收益率	479	313	170	27	−98	−224	−436

根据表 5-1 的数据，画出敏感性分析图。用横坐标表示参数变化率 k，纵坐标表示净现值，如图 5-2 所示。

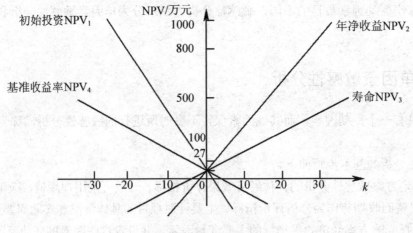

图 5-2　敏感性分析图

(4) 确定敏感性因素，对方案的风险情况做出判断。

在图 5-2 中找出各敏感性曲线与横轴的交点，这一点上的参数值就是使净现值等于零的临界值。

初始投资的敏感曲线与横轴的交点约为 0.98%，此时初始投资为

$$K=3000×(1+0.98\%)=3029(万元)$$

即初始投资增加到 3029 万元时，净现值降至零，说明初始投资必须控制在 3029 万元以下，方案才是可行的。

年净收益与横轴的交点约为-1%，使方案可行的年净收益为

$$M≥480×(1-1\%)=475(万元)$$

寿命期与横轴的交点约为-5%，使方案可行的寿命期为

$$n≥10×(1-5\%)=9.5(年)$$

基准收益率与横轴的交点约为 4.8%，使方案可行的基准收益率为

$$i≤10\%×(1+4.8\%)=10.48\%$$

对比各因素的临界变化率 k_i 及敏感曲线的形状，可知临界变化率绝对值较小则敏感曲线较陡，相应参数的变化对净现值的影响变化较大。所以在本例中，净现值对各参数的敏感性由强到弱依次为：年净收益、初始投资、寿命期、基准收益率。

5.2.2　多因素敏感性分析

单因素敏感性分析的方法简单，但其不足之处在于忽视了因素之间的相关性。因为在实际分析中经常出现不止一个不确定因素的情况，多因素敏感性分析考虑了一个因素的变动往往也伴随着其他因素的变动，因而能反映几个因素同时变动对项目产生的综合影响，更加全面地揭示了事物的本质。关于多因素敏感性分析这里仅以双因素敏感性分析为例进行介绍。

设方案的其他因素不变，每次仅考虑两个因素同时变化对经济效益的影响，称为双因素敏感性分析。这种分析一般是首先通过单因素分析确定两个敏感性大的因素，然后通过双因素敏感性分析考察这两个因素同时变化时对项目经济效益的影响。

双因素敏感性分析主要借助画图进行，其分析步骤如下。

(1) 建立直角坐标系，横轴(x)与纵轴(y)表示两个因素的变化率。

(2) 建立项目经济效果评价指标(NPV、NAV 或 IRR)随两因素变化率 x 和 y 而变的关系式，令该指标值为临界值(即 NPV=0、NAV=0 或 IRR=i_c)，即可得到一个关于 x、y 的函数式，称为临界方程。

(3) 在直角坐标系上画出这个临界方程的曲线，它表明两个变化率之间的约束关系。

(4) 该临界线把平面分成两个部分，一部分是方案可行区域，另一部分则是方案的不可行区域，据此可对具体情况进行分析。

例 5-3　对例 5-2 中的方案进行双因素敏感性分析。

解：在例 5-2 中，我们得到 4 个主要因素的临界变化率，分别是初始投资 2%、年净收

益-1.7%、寿命期-5%、基准收益率4.8%。其中最为敏感的两个因素是年净收益和初始投资,因此对这两个因素做双因素敏感性分析。

设初始投资变化率为 x,年净收益变化率为 y,则有

$$NPV=480(1+y)(P/A,10\%,10)+200(P/F,10\%,10)-3000(1+x)$$
$$=26.51-3000x+2949.41y$$

令 NPV=0,有

$$y=1.02x-0.01$$

在坐标系上画出这一直线(见图5-3)。

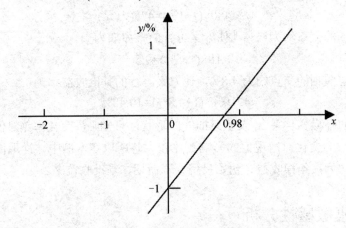

图 5-3 双因素敏感性分析图

临界线 NPV=0 在 x 轴和 y 轴上截得的点分别是(0.98%, 0)和(0, -1%),0.98%和-1%正是单因素变化时初始投资和年净收益的临界变化率。因此,如果先进行了单因素敏感性分析,对呈线性变化的因素进行双因素分析就可以简化,只要将两个因素的临界变化率点找到,连接这两点而成的直线即为双因素临界线。

由图 5-3 可知,临界线把平面分成两个部分,左上平面为年净收益增加、初始投资减小,应是方案的可行区域;右下平面为年净收益减小、初始投资增加,是方案的不可行区域。所以,为了保证方案在经济上可接受,应设法防止右下平面区域的变化组合情况出现。

5.3 概 率 分 析

根据项目的特点和需要,有条件时应对项目经济效果指标进行概率分析。概率分析是利用概率定量地分析和预测不确定因素对项目经济效果指标的影响。

这里主要介绍期望值法。所谓期望值法,就是把每个方案的期望值求出来加以比较。期望值即概率论中离散型随机变量的数学期望,其计算公式为

$$E(x) = \sum_{i=1}^{n} X_i P_i$$

式中: $E(x)$ ——经济指标 x 的期望值;

X_i——第 i 种情况下的经济指标值；

P_i——第 i 种情况下出现的概率，等于第 i 种情况中参数值出现的概率的乘积。

利用期望值进行分析的准则是：如果决策目标是效益最大，则选择收益期望值最大的方案，如果方案中对应的损益值为费用值，而且决策目标是费用最小，则应选择费用期望值最小的方案。

期望值的分析和求解过程，可用树型结构图来表达，我们称之为决策树法。

决策树是以方块和圆圈作为节点，并由直线连接而成的一种树枝状结构。图中方块称为决策点；由决策点引出若干条直线，每条直线代表一个方案，称为方案分枝；在方案分枝的末端画一圆圈，称为方案节点，在方案节点上把计算出来的各方案的期望值标注上供最后决策用；由它引出的若干线条表示不同的自然状态，称为概率分枝，在每条概率分枝上注明自然状态及其概率；在概率分枝的末端画一小三角，称为结果点，在结果点后面要标明在不同自然状态下的损益值。由于整个图形像棵树，所以形象地称之为决策树。

运用决策树进行决策的过程是从右向左，逐步后退。具体步骤为：首先根据结果点的损益值及概率分枝的概率，计算出各方案的期望值；然后，按照期望值准则，确定出最优方案。

例 5-4　某一桩基础工程，施工管理人员需要决定下月是否开工。如果开工后天气好，则可以按期完工，获利 30 000 元；如果开工后天气不好，就要造成 10 000 万元的损失；假如不开工，无论天气好与坏，都要损失 1200 元。根据过去的统计资料，下个月天气好的概率是 40%，天气坏的概率是 60%。试用决策树法为施工管理人员做出决策。

解：(1) 根据题意，将自然状态、概率和行动方案列成明细表，如表 5-2 所示。

表 5-2　两种方案情况　　　　　　　　　　　　　　　　　　单位：元

自然状态	概率/%	行动方案	
		开　工	不　开　工
天气好	40	30 000	−1200
天气坏	60	10 000	−1200

(2) 根据表 5-2 所列情况，绘制决策树，如图 5-4 所示。

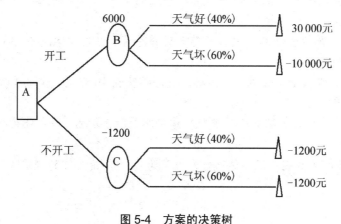

图 5-4　方案的决策树

(3) 计算各方案的期望值。

开工方案的期望值为

$$30\ 000×0.4+(-10\ 000)×0.6=6000(元)$$

不开工方案的期望值为

$$(-1200)×0.4+(-1200)×0.6=-1200(元)$$

(4) 根据期望值原则,选择最优方案。根据期值的大小,选择收益期望值最大或最小的方案为最优方案。本题应选择收益期望值最大的方案,即开工方案。

思考与练习

1. 试述盈亏平衡分析的特征。

2. 试述敏感性分析的意义及单因素、多因素分析的特征。

3. 什么是决策树?试述决策树绘制的要点。

4. 某企业生产某种产品,设计年产量为 8000 件,每件产品的出厂价格估算为 65 元,企业每年固定性开支为 70 000 元,每件产品成本为 35 元,求企业的最大可能盈利、企业不盈不亏时的最低产量,以及企业年利润为 5 万元时的产量。

5. 某企业为研究一项投资方案,提供了如表 5-3 所示的因素估计。

表 5-3　方案因素估计值表

因素	初始投资/万元	寿命期/年	残值/万元	年销售收入/万元	年经营费/万元	基准收益率/%
数值	100	10	20	120	80	8

(1) 分析当寿命期、基准收益率和年经营费每改变一项时对净现值的敏感性,指出最敏感性因素,画出敏感性曲线。

(2) 进行初始投资和年销售收入对净现值的双因素敏感性分析。

6. 某地区为满足某种产品的市场需求,拟规划建厂,在可行性研究中,提出了以下三个方案。

(1) 新建大厂,需投资 300 万元。销路好时每年获利 100 万元,销路坏时每年亏损 20 万元,服务期限 10 年。

(2) 新建小厂,需投资 150 万元。销路好时每年获利 40 万元,销路坏时仍可获利 30 万元,服务期限 10 年。

(3) 先建小厂,3 年后若销路好再进行扩建,投资 200 万元,每年可获利 95 万元,服务期限为 7 年。

根据市场营销形势预测,产品销路好的概率为 70%,销路坏的概率为 30%。试用决策树法进行决策。

第6章 工程项目设备方案的选择与更新

【知识目标】

◆ 了解设备更新的基本概念。

◆ 熟悉设备更新的经济分析方法。

◆ 掌握设备经济寿命确定的静态、动态方法。

【技能目标】

能够确定设备的经济寿命，并以此为基础进行设备更新分析和决策。

【引言】

项目建设或企业生产过程中的相关设备因为磨损而需要更新。传统观念中我们都会在一部机器设备坏了、修不好了才会考虑用新的设备去替代它，但是这样科学吗？经济吗？正确的方法应该是怎样的呢？本章主要介绍设备更新的相关知识。

6.1 设备更新概述

6.1.1 设备更新的含义

设备更新,从广义上讲应包括设备修理、设备更换、设备更新和设备现代化改装。从狭义上讲,设备更新是指以结构更加先进、技术更加完善、生产效率更高的新设备去代替不能继续使用及经济上不宜继续使用的旧设备。

设备更新对于提高劳动生产率、改进产品质量、促进技术进步、加速国民经济发展等起着重要作用,但这并不意味着在任何条件下更新设备都是有利的,应该根据设备磨损的客观规律和设备在使用过程中其费用变化的经济规律,对设备更新进行经济分析,这样才能正确确定设备的经济寿命和最佳更新方案、更新方式及更新时机。

6.1.2 设备的经济寿命

生产设备的寿命一般有以下几种概念。

(1) 自然寿命,或称物理寿命。它是设备从全新状态投入使用开始,直到不能保持正常状态不堪再用而予以报废的全部时间期限。

(2) 技术寿命。它是设备在市场上维持其价值的时期(设备产品寿命周期),即一种使现有设备报废到新设备出现之前的一段时期。技术寿命一般短于自然寿命。

(3) 经济寿命。它是指给定的设备具有最低等值年成本的时期,或最高等值年净收益的时期。也就是指一台设备开始使用直至在经济前景的分析中不如另一台设备更有效益而被替代时所经历的时期。

设备随着使用时间的延长,一方面其磨损逐渐加大,效率日益下降;另一方面,为了维持其原有设备的生产效率,必须增加维修次数,消耗更多的燃料和动力,而使每年的使用费用呈递增趋势。当设备年使用费的增长超过了一次性投资分摊费的降低额时,继续使用该设备就不经济了。根据设备使用费这种变化规律确定的设备最佳经济使用年限,就称为设备的经济寿命。

6.1.3 设备磨损及补偿方式

设备在使用及闲置过程中将发生两种基本形式的磨损——有形磨损和无形磨损。前者是指机器实体发生磨损,故又称为物理磨损;后者是机器设备在价值形态上的损失,故又称为经济磨损。

有形磨损按其产生的原因,又可分为因使用产生的磨损和因自然力的作用而产生的磨损。前者称为第一类有形磨损,后者称为第二类有形磨损。有形磨损的技术后果是降低设备的使用价值,磨损严重到一定程度可导致机器设备使用价值的完全丧失。有形磨损的经济后果是机器设备原始价值的部分贬值，甚至完全丧失价值。消除有形磨损使之局部或完全恢复使用价值的方式是修理或更换。为此需支出相应费用，即产生了大修理的经济性分析问题。

无形磨损产生的根本原因是科学技术的不断进步和发展。导致无形磨损产生的原因有两个：第一类是由于设备制造工艺不断改进，成本不断降低和劳动生产率不断提高，生产同种设备所需的社会必要劳动耗费减少，因而导致设备的价值相应贬值，这是第一类无形磨损。第二类无形磨损是由于技术进步，市场上出现了结构更先进、技术更完善、生产效率更高、耗用原材料和能源动力更少的新型设备，使原有设备价值降低，而且会使原有设备局部或全部丧失其使用价值。第二类磨损可能导致设备提前更新。

设备的价值两重性决定着磨损的两重性，两重磨损同时作用在机器设备上，有磨损就要有补偿，两重磨损形式与补偿方式之间的关系如图 6-1 所示。

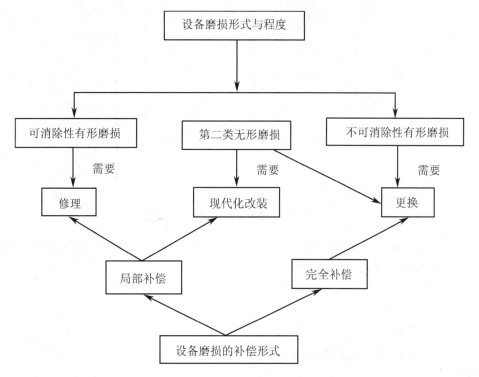

图 6-1　设备磨损形式与补偿方式之间的关系

6.2　设备经济寿命的确定

6.2.1　经济寿命确定的准则

确定设备的经济寿命，就是寻求设备在使用过程中，投资的分摊成本费与年使用费的总和为最小时的时刻。在这个时刻之前，或者在这个时刻之后，其总费用都会增加。所以，

从设备投入使用到投资的分摊成本费与年使用费的总和为最小的时刻所经历的时间，就是设备的经济寿命。

6.2.2 经济寿命的静态计算方法

假设设备的原值(即投资费用)为 P，设备在第 n 年的净残值为 L_n，设备已使用的年数为 T，则每年平均分摊投资成本为 P/T。一方面，随着使用年数 T 的增长，每年分摊的投资成本将逐渐减少。另一方面，设备的维修费用、燃料、动力消耗等使用费用又逐渐增加。这一过程叫作设备的低劣化。用 A_1 表示第 1 年机械设备的使用费用(运营成本费用)，用 G 表示因低劣化而使设备使用费从第 2 年起的增加值，如图 6-2 所示。

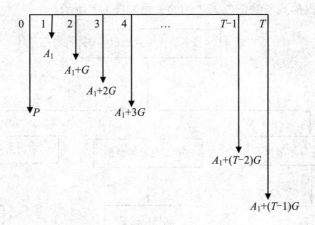

图 6-2 设备使用期间现金流量图

T 年内每年使用费用的平均值为 $A_1+G(T-1)\div 2$。因此，设备每年平均的投资成本和使用成本之和称为总成本，其表达式为

$$C = \frac{P-L_n}{T} + A_1 + \frac{G(T-1)}{2} \tag{6-1}$$

式中：C——设备的平均年总成本。

为了使平均年总成本达到最小，令 $\frac{dC}{dT}=0$，有

$$T_0 = \sqrt{\frac{2(P-L_n)}{G}} \tag{6-2}$$

式中：T_0——设备的经济寿命，也是设备的最佳更新期。

例 6-1 某一设备，其原值为 7200 元，第一年的使用成本费为 800 元，以后每年递增 650 元，预计残值为 0，试用静态分析法确定其经济寿命期。

解： 由式(6-2)得

$$T_0 = \sqrt{\frac{2\times(7200-800)}{650}} \approx 5(年)$$

即经济寿命期为 5 年。

对应的最小成本 $C_0 = \dfrac{7200-0}{5}+800+\dfrac{650\times(5-1)}{2}=3540(元/年)$

6.2.3　经济寿命的动态计算方法

动态分析法就是需要考虑资金的时间价值，假设设备的一次性投资费用按基准收益率 i_c 在 T 年中分摊成本为

$$AC_{1(T)}=(P-L_n)(A/P, i_c, T)+L_n \cdot i_c$$

又假设设备年平均使用费用为 $AC_{2(T)}$：

$$AC_{2(T)} = \sum_{t=1}^{T} C_t(P/F, i_c, t)(A/P, i_c, T)$$

从而设备的年平均费用为

$$AC_{(T)}= AC_{1(T)}+AC_{2(T)}$$
$$=[(P-L_n)(A/P, i_c, T)+L_n \cdot i_c]+ \sum_{t=1}^{T} C_t(P/F, i_c, t)(A/P, i_c, T) \tag{6-3}$$

最小年平均费用 $AC_{(T)}$ 所对应的时间就是设备的经济寿命，即最佳更新周期。由于用数学方法求解式(6-3)的最小值比较困难，所以，往往用列表计算的方式来求设备的动态经济寿命期。

例 6-2　设基准收益率 $i_c=10\%$，设备逐年减少的残值如表 6-1 所示。用动态分析法确定例 6-1 中设备的经济寿命期。

解：由已知条件得

$$AC_{1(T)}=(7200-L_n)(A/P, 10\%, T)+L_n \times 10\%$$
$$AC_{2(T)} = 800+\frac{650}{0.1}-\frac{650}{0.1}\times T \times(A/F, 10\%, T)$$
$$=7300-6500T(A/F, 10\%, T)$$
$$AC_{(T)}= AC_{1(T)}+ AC_{2(T)}$$

列表计算，如表 6-1 所示。

表 6-1　经济寿命计算表

第 j 年年末	设备使用到第 T 年年末的残值	$AC_{1(T)}$	$AC_{2(T)}$	$AC_{(T)}$
1	3600	4320	800	5120
2	2400	3006	1109	4115
3*	1200	2533	1409	3942*
4	0	2272	1697	3969

从表中可知，最小的年平均费用为 3942 元，对应的经济寿命期 3 年。

对于设备使用费呈不规则变化的情况，可通过列表先计算各年使用费用的现值和 T 年使用费用的累计现值，再计算 $AC_{2(T)}$，然后求 $AC_{(T)}$，最终找出最佳更新周期。

6.3 设备更新分析方法

设备更新分析的结论取决于所采用的分析方法,而设备更新分析的假定条件和设备的研究期是选用设备更新分析方法时应考虑的重要因素。研究期是互斥方案进行现金流量计算时共同的计算期,它是为消除各方案计算周期的长短不一而建立的可比条件。

6.3.1 原型设备更新分析

原型设备更新分析,就是假定企业的生产经营期较长,并且设备一旦选定,今后均采用原型设备重复更新,这相当于研究期为各设备自然寿命的最小公倍数。

原型设备更新分析主要有以下三个步骤。

(1) 确定各方案共同的研究期。

(2) 用费用年值法确定各方案设备的经济寿命。

(3) 通过比较每个方案设备的经济寿命确定最佳方案,即旧设备是否更新及新设备未来的更新周期。

例 6-3 某公司未来生产经营期能维持相当长的时间,公司现有一台设备 O,目前市场上另有两种与 O 同样功能的设备 A 和 B,这三台设备构成了互斥的方案组。现有设备 O 还有 5 年使用期,A 和 B 设备的自然寿命分别为 6 年和 7 年,设备各年的现金流量如表 6-2 所示。设基准收益率为 10%,试采用原型设备更新分析方法,比较三个设备方案的优劣。

解: 研究期为 5、6、7 的最小公倍数 210 年。

采用费用年值法确定各台设备的经济寿命,O 设备有 5 个更新策略($O_1 \sim O_5$);A 和 B 设备分别有 6 个($A_1 \sim A_6$)和 7 个($B_1 \sim B_7$)更新策略,更新分析的互斥策略数为 5+6+7=18 个。各设备年平均费用最低的策略所对应的使用期限即为该设备的经济寿命。

计算三个方案的经济寿命,如表 6-2 所示。

表 6-2 各方案的经济寿命计算表 单位:元

n 年末	O 设备			A 设备			B 设备		
	第 n 年残值	n 年期间的运营费	年平均费用	第 n 年残值	n 年期间的运营费	年平均费用	第 n 年残值	n 年期间的运营费	年平均费用
0	14 000			20 000			27500		
1	9900	3300	8800	0	1200	23 200	0	1650	31 900
2	8800	5500	8224*	0	3400	13 772	0	1650	17 496
3	6600	6050	8497	0	5800	11 363	0	1650	12 708
4	5500	8800	8943	0	8000	10 639	0	1650	10 326
5	3300	9900	9549	0	10 200	10 567*	0	1650	8905

续表

n 年末	O 设备			A 设备			B 设备		
	第 n 年残值	n 年期间的运营费	年平均费用	第 n 年残值	n 年期间的运营费	年平均费用	第 n 年残值	n 年期间的运营费	年平均费用
6				0	12 600	10 819	0	1650	7964
7							0	1650	7299*

注：*表示设备经济寿命对应的设备年平均费用。

年平均费用的计算过程如下

$$\text{AC}_{O2}=(14\,000-8800)\times(A/P,10\%,2)+8800\times10\%$$
$$+[3300(P/F,10\%,1)+5500(P/F,10\%,2)]\times(A/P,10\%,2)$$
$$=8224(元)$$

$$\text{AC}_{A5}=20\,000\times(A/P,10\%,5)+[1200\times(P/F,10\%,1)+3400\times(P/F,10\%,2)$$
$$+5800\times(P/F,10\%,3)+8000\times(P/F,10\%,4)+10\,200\times(P/F,10\%,5)]\times(A/P,10\%,5)$$
$$=10\,567(元)$$

$$\text{AC}_{B7}=27\,500\times(A/P,10\%,7)+1650=7299(元)$$

各方案不同更新策略的年平均费用如表 6-2 所示。其中旧设备 O 的经济寿命为 2 年，新设备 A 的经济寿命为 5 年，新设备 B 的经济寿命为 7 年。在研究期 210 年内，以各方案设备的经济寿命对应的年平均费用为比较依据，方案 B 为最优。

结论：采用新设备 B 更新现有设备 O，B 设备未来的更新周期为其经济寿命 7 年。

6.3.2　新型设备更新分析

新型设备更新分析，就是假定企业现有设备可被其经济寿命平均年费用最低的新设备取代。

例 6-4　假定例 6-3 中的现有设备 O，可采用经济寿命内年平均费用最低的新设备进行更新，试进行更新决策。

解：在能对现有设备 O 进行更新的新设备中，设备 B 在其经济寿命 7 年内的年平均费用为 7299 元，低于设备 A 在其经济寿命 5 年内的年平均费用 10 567 元，故将设备 B 作为现有设备 O 的潜在更新设备。这相当于在 A、B 设备的 13 个互斥策略中选择了一个策略 B_7，这样原来的策略数减至 6 个。

由于 7 年后，各策略的现金流量相同，故选择新设备 B 的经济寿命 7 年为研究期，采用总成本现值法并根据表 6-2 中的数据比较设备方案。

$$\text{PC}_{O1}=14\,000-9900\times(P/F,10\%,1)+3300\times(P/F,10\%,1)+7299\times(P/A,10\%,6)\times(P/F,10\%,1)$$
$$=8800\times(P/A,10\%,1)+7299\times(P/A,10\%,6)\times(P/F,10\%,1)$$
$$=36\,900(元)$$

$$\text{PC}_{O2}=8224\times(P/A,10\%,2)+7299\times(P/A,10\%,5)\times(P/F,10\%,2)$$
$$=37\,089(元)$$

$PC_{O3}=8497 \times (P/A,10\%,3)+7299 \times (P/A,10\%,4) \times (P/F,10\%,3)$

$\qquad = 38\ 514(元)$

$PC_{O4}=8943 \times (P/A,10\%,4)+7299 \times (P/A,10\%,3) \times (P/F,10\%,4)$

$\qquad = 40\ 743(元)$

$PC_{O5}=9549 \times (P/A,10\%,5)+7299 \times (P/A,10\%,2) \times (P/F,10\%,5)$

$\qquad = 44\ 064(元)$

$PC_{B7}=7299 \times (P/A,10\%,7)-14\ 000$

$\qquad = 21\ 534(元)$

策略 B 的总成本现值最低,故应采用新机器 B 立即更新现有设备 O。

从表 6-2 可知,设备 O 各策略的年平均费用均高于设备 B 在其经济寿命内的年平均费用,因此,根据表 6-2 也可直观地得出,立即用设备 B 更新现有设备 O 的结论。

例 6-5　假定例 6-3 中经济寿命内年平均费用最低的新设备 B 缺货,难以采购,只能采用设备 A 对现有设备 O 进行更新,试进行更新决策。

解: 采用设备 A 的经济寿命 5 年作为研究期,采用总成本现值并根据表 6-2 中的数据比较设备方案。

$PC_{O1}=8800 \times (P/A,10\%,1)+10\ 567 \times (P/A,10\%,4) \times (P/F,10\%,1)$

$\qquad = 38\ 452(元)$

$PC_{O2}=8224 \times (P/A,10\%,2)+10\ 567 \times (P/A,10\%,3) \times (P/F,10\%,2)$

$\qquad = 35\ 990(元)$

$PC_{O3}=8497 \times (P/A,10\%,3)+10\ 567 \times (P/A,10\%,2) \times (P/F,10\%,3)$

$\qquad = 34\ 909(元)$

$PC_{O4}=8943 \times (P/A,10\%,4)+10\ 567 \times (P/A,10\%,1) \times (P/F,10\%,4)$

$\qquad = 34\ 910(元)$

$PC_{O5}=9549 \times (P/A,10\%,5)$

$\qquad = 36\ 198(元)$

$PC_{A5}=10\ 567 \times (P/A,10\%,5)-14\ 000$

$\qquad = 26\ 057(元)$

策略 A 的总成本现值最低,由此可得出结论,现有设备 O 应用新设备 A 立即更新。

例 6-6　假定例 6-3 中的现有设备 O,可采用经济寿命内年平均费用最低的新设备进行更新,但由于市场的原因,公司的生产经营期只能维持 7 年,试进行更新决策。

解: 可供选择的经济寿命内年平均费用最低的新设备是 B,生产经营期只有 7 年,因而此时可根据表 6-2 中的数据用现值总成本比较设备方案。

$PC_{O1}=8800 \times (P/A,10\%,1)+7964 \times (P/A,10\%,6) \times (P/F,10\%,1)$

$\qquad = 39\ 533(元)$

$PC_{O2}=8224 \times (P/A,10\%,2)+8905 \times (P/A,10\%,5) \times (P/F,10\%,2)$

$\qquad = 42\ 170(元)$

$$PC_{O3}=8497\times(P/A,10\%,3)+10\ 326\times(P/A,10\%,4)\times(P/F,10\%,3)$$
$$=45\ 723(元)$$

$$PC_{O4}=8943\times(P/A,10\%,4)+12\ 708\times(P/A,10\%,3)\times(P/F,10\%,4)$$
$$=49\ 934(元)$$

$$PC_{O5}=9549\times(P/A,10\%,5)+17\ 496\times(P/A,10\%,2)\times(P/F,10\%,5)$$
$$=55\ 052(元)$$

$$PC_{B7}=7299\times(P/A,10\%,7)-14\ 000$$
$$=21\ 534(元)$$

从上面的计算可以看出，现有设备 O 应用新设备 B 立即更新。

从以上举例可以看出，设备更新分析结论与研究期紧密相关，同样的新旧设备，研究期的假定条件不同，可能得出各种不同的结论。

思考与练习

1. 什么是设备的有形磨损、无形磨损？各有何特点？对设备的补偿方式有哪些？

2. 什么是设备的自然寿命、技术寿命和经济寿命？

3. 某厂压缩机的购置价为 6000 元，第一年的运营成本为 1000 元，以后每年以 300 元定额递增。压缩机使用一年后的余值为 3600 元，以后每年以 400 元递减，压缩机的最大使用年限为 8 年。若基准收益率为 15%，试用动态方法计算压缩机的经济寿命。

4. 某企业四年前用 2500 元购置了设备 A，目前设备 A 的剩余寿命为 6 年，寿命终了时的残值为 200 元，设备 A 每年的运营费用为 700 元。目前有一个设备制造厂出售与设备 A 具有相同功效的设备 B，设备 B 售价 2400 元，寿命为 10 年，残值为 300 元，每年运营费用为 400 元。如果企业购买设备 B，设备制造厂愿出价 600 元购买旧设备 A。设基准收益率为 15%，研究期为 6 年，试判断现在公司应保留设备 A，还是用设备 B 更新设备 A。

第7章 价值工程

【知识目标】

◆ 了解价值工程的工作步骤。

◆ 熟悉功能系统分析的过程。

◆ 熟悉功能评价的两个方面。

◆ 掌握价值工程的基本概念。

◆ 掌握价值工程对象的选择方法。

◆ 掌握功能评价的方法及分析。

◆ 掌握方案评价的方法。

【技能目标】

运用价值工程的评价方法对方案进行评价。

【引言】

当我们决定生产某项产品时，是考虑产品本身的成本高低，还是该产品的功能是否能够满足顾客的各种需要？成本太高，产品销售必然困难；功能不足，难以满足顾客的需求。功能强弱、成本高低该如何决定，是各个生产者所面临的难题。本章将站在分析产品的功能与成本关系的基础上，对产品功能进行分析和评价，在功能和成本之间寻求最佳平衡点，即通过价值工程的方法解决这一难题。

7.1　价值工程概述

价值工程(简称 VE)又称价值分析(简称 VA),是 20 世纪 40 年代后期产生的一门新兴的管理技术。

价值工程的创始人是美国工程师麦尔斯(L. D. Miles)。第二次世界大战期间,麦尔斯供职于通用电气公司的采购部门,长期负责军用产品的原材料采购工作。当时的物资供应十分紧张,通用电气公司生产军工产品所需的原材料更是紧缺,价格也不断上涨,因而采购工作十分困难。麦尔斯从多年采购工作实践中,逐步摸索出短缺材料可以寻找相同功能者作"代用品"的经验,又进一步概括为"代用品方法",认为购买材料是为了获得某种功能而不是材料本身,所以,只要满足功能,就可以选用购买得到的或较为便宜的材料,代替原设计指定的材料使用。通过一系列成功的实践活动,麦尔斯总结出了一套在保证同样功能的前提下降低成本的比较完整的科学方法,并将其命名为"价值分析",著文在《美国机械师》杂志上发表。以后随着其研究内容的不断丰富与完善,其研究领域也从材料代用逐步推广到产品设计、生产、工程、组织、服务等领域,形成了一门比较完整的科学体系——价值工程。

价值工程与一般的投资决策理论不同。一般的投资决策理论研究的是项目的投资效果,强调的是项目的可行性,而价值工程是研究如何以最少的人力、物力、财力和时间获得必要的功能的技术经济分析方法,强调的是产品的功能分析和功能改进,我们在学习价值工程的有关内容时,应该充分注意到这一点。

7.1.1　价值工程的基本概念

按照国家标准局发布的国家标准《价值工程基本术语和一般工作程序》(GB 8223—87)的规定,价值工程的概念可叙述如下:价值工程是通过各相关领域的协作,对所研究对象的功能与费用进行系统分析,不断创新,旨在提高所研究对象价值的思想方法和管理技术。其目的是以研究对象的最低寿命周期成本可靠地实现使用者所需的功能,以获取最佳的综合效益。

从以上这段话可以看出,价值工程的定义包括四个方面。

1. 着眼于全寿命周期成本

全寿命周期成本是指产品在其寿命期内所发生的全部费用,包括生产成本和使用成本两部分。生产成本是指发生在生产企业内部的成本,包括研究开发、设计以及制造过程中的费用;使用成本是指用户在使用过程中支付的各种费用的总和,包括运输、安装、调试、管理、维修、耗能等方面的费用。寿命周期费用、生产成本和使用成本与产品功能之间的关系如图 7-1 所示。

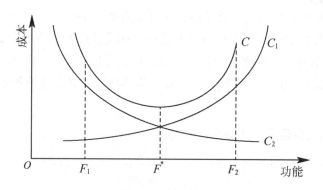

图 7-1　产品功能与成本的关系

在图 7-1 中，C_1 表示生产成本，随着产品功能的增加，生产成本越来越高；C_2 表示使用成本，随着功能的增加，使用成本越来越低；C 表示寿命周期成本，即 $C=C_1+C_2$，它的变化趋势是随着产品功能的增加，先下降，然后上升。

从图 7-1 可以看出，在 F_1 点，产品功能较少，此时虽然生产成本较低，但由于不能满足使用者的基本需求，使用成本较高，因而使用寿命周期成本较高；在 F_2 点，虽然使用成本较低，但由于存在着多余的功能，因而使生产成本过高，同样寿命周期成本也较高，只有在 F^* 点，产品功能既能满足用户的需求，又使得寿命周期成本比较低，体现了比较理想的功能与成本的关系。

需要注意的是：在寿命周期成本的构成中，一般由于生产成本在短期内集中支出并且体现在价格中，容易被人们认识，进而采取措施加以控制，而使用中的人工、能源、环境、维修等耗费常常是生产成本的许多倍，但由于分散支出，容易被人们忽视。比如，一项建筑产品，如果单纯追求生产成本，即预算的降低，粗心设计，偷工减料，那么其制造质量就会非常低劣，使用过程中的维修费用就会很高，甚至有可能发生重大事故，给社会财产和人身安全带来严重的损害。因此，价值工程中对降低成本的考虑，是要综合考虑生产成本和使用成本的下降，兼顾生产者和用户的利益，以获得最佳的社会综合效益。

2. 价值工程的核心是功能分析

功能是指研究对象能够满足某种需求的一种属性，即产品的具体用途。功能可分为必要功能和不必要功能，其中必要功能是指用户所要求的功能以及与实现用户所需求的功能有关的功能。

价值工程的功能，一般是指必要功能。因为用户购买一项产品，不是为了产品本身，而是想通过购买该项产品来获得其所需的功能。因此，价值工程对产品的分析，首先是对其功能的分析，通过功能分析，弄清哪些功能是必要的，哪些功能是不必要的，从而在改进方案中去掉不必要的功能，补充不足的功能，使产品的功能结构更加合理，达到可靠地实现使用者所需功能的目的。

3. 价值工程是一项有组织的管理活动

价值工程研究的问题涉及产品的整个寿命周期，涉及面广，研究过程复杂。比如，一项产品从设计、开发到制作完成，要通过企业内部的许多部门；一个降低成本的改进方案，从提出、试验到最后付诸实施，要经过许多部门的配合才能收到良好的效果。因此，企业在开展价值工程活动时，一般需要由技术人员、经济管理人员、有经验的工作人员，甚至用户，以适当的形式组织起来，共同研究，发挥集体智慧，灵活运用各方面的知识和经验，才能达到既定的目标。

4. 价值工程的目标表现为产品价值的提高

价值是指对象所具有的功能与获得该功能的全部费用之比，可用公式表示为

$$价值(V) = \frac{功能(F)}{费用(C)}$$

即价值是单位费用所实现的用途。

价值工程的目的是要从技术与经济的结合上去改进和创新产品，使产品既要在技术上可靠实现，又要在经济上所支付费用最小，达到两者的最佳结合。而"最低的寿命周期成本"是价值工程的经济指标，"可靠地实现所需功能"是价值工程的技术指标，因此，很自然产品的价值越高，其技术与经济的结合也就越难，从这个角度上讲，价值工程的目标体现为产品价值的提高。

那么如何来提高产品的价值呢？根据价值的计算公式，提高产品价值有以下五种途径。

(1) 在提高产品功能的同时，降低产品成本。这可使价值大幅度提高，是最理想的提高价值的途径。

(2) 提高功能，同时保持成本不变。

(3) 在功能不变的情况下，降低成本。

(4) 成本稍有增加，同时功能大幅度提高。

(5) 功能稍有下降，同时成本大幅度降低。

7.1.2　价值工程的工作步骤

开展价值工程活动的过程是一个发现问题、解决问题的过程，即先针对价值工程的研究对象，逐步深入提出一系列问题，然后通过回答问题寻找答案，从而解决问题。在一般的价值工程活动中，所提问题通常有以下七个方面。

(1) 价值工程的研究对象是什么？

(2) 它的用途是什么？

(3) 它的成本是多少？

(4) 它的价值是多少？

(5) 有无其他的方法可以实现同样的功能？

(6) 新方案的成本是多少？

(7) 新方案能满足要求吗？

围绕这七个问题，价值工程的一般工作步骤如表 7-1 所示。

表 7-1 价值工程的一般工作步骤

阶 段	步 骤	说 明
准备阶段	①选择对象	应明确目标、限制条件和分析范围
	②组成价值工程领导小组	一般由项目负责人、专业技术人员、熟悉价值工程的人员组成
	③制订工作计划	包括具体执行人、执行日期、工作目标等
分析阶段	④收集整理信息资料	此项工作应贯穿于价值工程的全过程
	⑤功能系统分析	明确功能特性要求，并绘制功能系统图
	⑥功能评价	确定功能目标成本，确定功能改进区域
创新阶段	⑦方案创新	提出各种不同的实现功能的方案
	⑧方案评价	从技术、经济和社会等方面综合评价各种方案达到预定目标的可行性
	⑨方案编写	将选出的方案及有关资料编写成册
实施阶段	⑩审批	由主管部门组织进行
	⑪实施与检查	制订实施计划、组织实施，并跟踪检查
	⑫成果鉴定	对实施后取得的技术经济效果进行成果鉴定

　　价值工程的工作步骤明确回答了前面提到的七个问题，在准备阶段回答了"价值工程的研究对象是什么"，在分析阶段回答了"它的用途是什么、它的成本是多少、它的价值是多少"等问题，在创新阶段回答了"有无其他方法可以实现同样的功能、新方案的成本是多少"等问题，在实施阶段解决了"新方案能满足要求吗"的问题。因此从本质上讲，价值工程活动实质上就是提出问题和解决问题的过程。

7.2　价值工程对象的选择和信息资料收集

7.2.1　价值工程对象的选择

　　价值工程对象的选择过程就是收缩研究范围、明确分析研究的目标、确定主攻方向的过程。比如，建筑工程产品，它种类繁多，质量目标、成本目标、施工工艺和方法各不相同，建设中要经历评估立项、设计、招标、施工、竣工验收等阶段，涉及勘察设计、施工建造、物资供应等各个方面，受到人、财、物、施工技术水平和管理水平等一系列因素的综合影响。因此，我们不可能把构成产品或服务的所有零部件和环节都作为价值工程的改善对象，为了节约资金，提高效率，只能精选其中一部分来实施价值工程。

1. 选择对象的原则

　　选择价值工程对象应遵循的一般原则有两条：一是优先考虑在企业生产经营上有迫切需要的或对国计民生有重大影响的项目，二是在改善价值上有较大潜力的产品或项目。

在实际工作中，一般可根据企业的具体情况，有侧重地从设计、生产、工艺、销售、成本诸方面的因素中，初步选择价值工程活动的对象。

2. 选择对象的方法

在选择对象阶段往往需要运用一些特定技术方法进行定量分析。常用的方法如下。

1) ABC 分析法

这是一种运用数理统计的原理，按照局部成本在全部成本中比重的大小来选定价值工程对象的方法。

2) 百分比分析法

这是一种通过分析各对象对企业的某个技术经济指标的影响程度的大小(百分比)，选择价值工程对象的方法。

3) 强制确定性法

这是以功能重要程度作为选择价值工程对象的决策指标的一种分析方法。

4) 价值指数法

这是通过比较各个对象(或零部件)之间的功能水平位次和成本位次，寻找价值较低对象(零部件)，并将其作为价值工程研究对象的一种方法。

7.2.2 信息资料的收集

信息资料的收集是价值工程实施过程中不可缺少的重要环节。一般在选择价值工程对象的同时，就应该收集有关的技术资料及经济信息，为进行功能分析、制定创新方案和评价方案等步骤准备必要的资料。

对于产品分析来说，一般应收集以下几方面的资料。

(1) 用户方面：用户对产品的意见和要求，如产品的使用目的、使用条件、使用中的故障情况及使用是否合理等。

(2) 技术方面：企业内外、国内外同类产品的技术资料，如设计特点、加工工艺、设备、材料、技术以及优缺点和存在的问题。

(3) 经济分析资料：同类产品的价格、成本、成本的构成情况、指数和定额等。

(4) 本企业的基本资料：企业的经营方针、生产能力及限制条件、销售情况等。

收集的资料及信息一般需加以分析、整理，剔除无效资料，使用有效资料，以利于价值工程活动的分析研究。资料整理工作的基本步骤如图 7-2 所示。

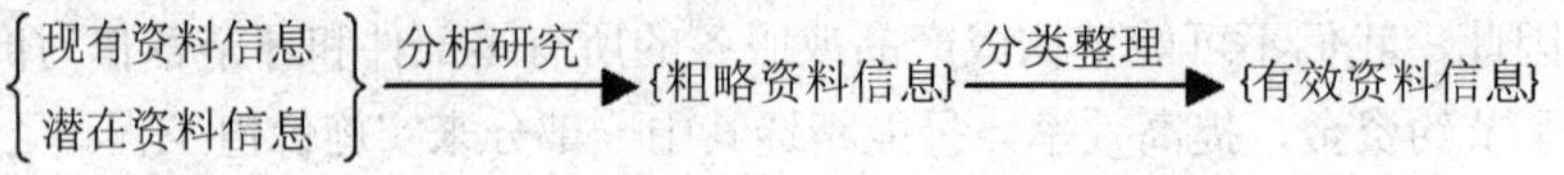

$$\left\{\begin{array}{l}\text{现有资料信息}\\ \text{潜在资料信息}\end{array}\right\} \xrightarrow{\text{分析研究}} \{\text{粗略资料信息}\} \xrightarrow{\text{分类整理}} \{\text{有效资料信息}\}$$

图 7-2 信息整理工作的流程图

7.3 功能分析与评价

7.3.1 功能系统分析

从功能入手系统地研究、分析产品是价值工程的主要特征和方法核心，因此功能系统分析是价值工程活动的中心环节。它通过分析对象资料，用几个词组简明、正确地表达对象的功能，明确功能特性要求，将产品各功能之间的关系整理清楚，从而去掉不合理的功能，调整功能间的比重，使产品的功能结构更合理。

功能系统分析包括功能分类、功能定义、功能整理和功能计量等内容，进行功能系统分析的基础是功能分类。

1. 功能分类

根据功能的不同特性，可以将功能分为以下几类。

(1) 使用功能与美观功能。这是从功能性质的角度进行的分类。使用功能从功能的内涵上反映其使用属性，是一种动态功能；美观功能是从产品外观反映功能的艺术属性，是一种静态的外观功能。

(2) 基本功能与辅助功能。这是从功能重要程度的角度进行的分类。基本功能是产品的主要功能，对实现产品的使用目的起着最主要和必不可少的作用；辅助功能是次要功能，是为了实现基本功能而附加的功能。

(3) 必要功能与不必要功能。这是从用户需求的角度进行的分类。必要功能是用户要求的功能，使用功能、美观功能、基本功能、辅助功能等均为必要功能；不必要功能是不符合用户要求的功能，包括多余功能、重复功能和过剩功能。

(4) 过剩功能与不足功能。这是相对功能的标准而言，从定量角度对功能采用的分类。过剩功能是指某些功能虽属必要，但满足需要有余，在数量上超过了用户要求或标准功能水平。不足功能是相对过剩功能而言的，表现为产品整体功能或零部件功能水平在数量上低于标准功能水平，不能完全满足用户需要。

不足功能和过剩功能要作为价值工程的对象，需要进行改进和完善。

2. 功能定义

功能定义是透过产品实物形象，运用简明扼要的语言将隐藏在产品结构背后的本质——功能揭示出来，从定性的角度解决"对象有哪些功能"这一问题。

功能定义的过程如图 7-3 所示。

功能定义是功能整理的先导性工作，也是之后进行功能评价的基本条件，因此在进行功能定义时，应该把握既简明准确便于测定，又系统全面与产品功能一一对应的原则，才能满足之后工作的需要。

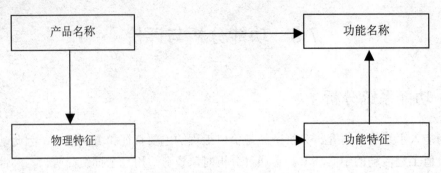

图 7-3　功能定义的过程

3. 功能整理

功能整理是功能分析的第二个重要步骤，它是用系统的观点将已经定义了的功能加以系统化，找出各局部功能相互间的逻辑关系，并用图表形式表达，以明确产品的功能系统，从而为功能评价和方案构思提供依据。

1) 功能系统图

功能系统图是按照一定的原则和方式，将定义的功能连接起来，从单个到局部，从局部到整体形成的一个完整的功能体系。其一般形式如图 7-4 所示。

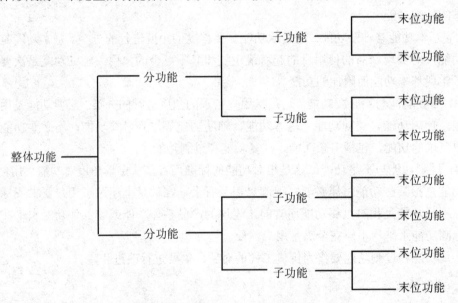

图 7-4　功能系统图的一般形式

在图 7-4 中，从整体功能开始，由左向右逐级展开，在位于不同级的相邻两个功能之间，左边的功能(上级)称为右边的功能(下级)的目标功能，而右边的功能(下级)称为左边的功能(上级)的手段功能。

2) 功能整理的方法

功能整理的主要任务就是建立功能系统图。因此，功能整理的方法也就是绘制功能系统图的方法，其一般步骤如下。

(1) 编制功能卡片。

(2) 选出基本功能。

(3) 明确各功能之间的关系。

现以建筑物的平屋顶为例，说明功能系统图的绘制。图 7-5 所示为建筑物的平屋顶功能系统图的主要部分。

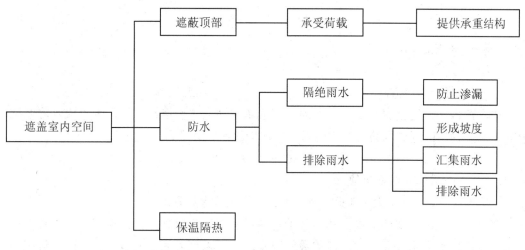

图 7-5　平屋顶的功能系统图

4．功能计量

功能计量是以功能系统图为基础，依据各个功能之间的逻辑关系，以对象整体功能的定量指标为出发点，从左向右地逐级测算、分析，确定各级功能程度的数量指标，揭示出各级功能领域中是否存在不足功能或过剩功能，从而为保证必要功能、剔除过剩功能、弥补不足功能的后续活动(如功能评价、方案创新等)提供定性的依据及量化标准。

功能计量又分为对整体功能的量化和对各级子功能的量化。

1) 整体功能的量化

整体功能的计量是以使用者的合理要求为出发点，以一定的手段、方法确定其必要的数量标准，使其能在质和量两个方面充分满足使用者的功能要求而无过剩或不足。整体功能的计量是对各级子功能进行计量的主要依据。

2) 各级子功能的量化

产品整体功能的数量标准确定之后，就可依据"手段功能必须满足目的功能"原则，运用目的-手段的逻辑判断，由上而下逐级推算、测定各级手段功能的数量标准。各级子功能的量化方法很多，如理论计算法、技术测定法、统计分析法、类比类推法和德尔菲法等，可根据情况灵活选用。

7.3.2　功能评价

经过功能系统分析明确了对象所具有的功能后，紧接着要做的工作就是要定量地确定功能的目前成本是多少？功能的目标成本是多少？功能的价值是多少？改进目标是什么？改进的幅度有多大？这些问题都要通过功能评价来解决。

功能评价包括相互关联的价值评价和成本评价两个方面。

价值评价是通过计算和分析对象的价值，分析成本与功能的合理匹配程度。价值评价的计算公式为

$$V = \frac{F}{C} \tag{7-1}$$

式中：F——对象的功能评价值；

$\quad\quad C$——对象的目前成本；

$\quad\quad V$——对象的价值。

成本评价是通过核算和确定对象的实际成本和功能评价值，分析、测算成本降低期望值，从而排列出改进对象的优先次序。成本评价的计算公式为

$$\Delta C = C - F \tag{7-2}$$

式中：ΔC——成本降低期望值。

一般情况下，当 ΔC 大于零时，ΔC 大者为优先改进对象。

在价值评价和成本评价中，都出现了功能评价值这个概念。在价值工程中，功能评价值是指可靠地实现用户要求的功能的最低成本，它可以理解为企业有把握，或者说应该达到的实现用户要求功能的最低成本。从企业目标的角度来看，功能评价值可以视为企业预期的、理想的成本目标值，因此功能评价值一般又称为目标成本。据此式(7-2)又可以写为

$$\Delta C = C - C_{目标} \tag{7-3}$$

式中：$C_{目标}$——对象的目标成本。

1. 功能评价的步骤

进行功能评价的一般步骤如下。

(1) 确定对象的功能评价值 F。

(2) 计算对象功能的目前成本 C。

(3) 计算和分析对象的价值 V。

(4) 计算成本改进期望值 ΔC。

(5) 根据对象价值的高低及成本降低期望值的大小，确定改进的重点对象及优先次序。

功能评价的程序如图 7-6 所示。

2. 功能评价的方法

功能评价的方法可分为两大类：功能成本法与功能指数法。

1) 功能成本法

功能成本法又称为绝对值法，是通过一定的测算方法，测定实现应有功能所必须消耗的最低成本，同时计算为实现应有功能所耗费的目前成本，经过分析、对比，求得对象的价值系数和成本降低期望值，确定价值工程的改进对象。其计算公式为

$$价值系数(V) = \frac{功能评价值(F)}{功能目前成本(C)} \quad (7\text{-}4)$$

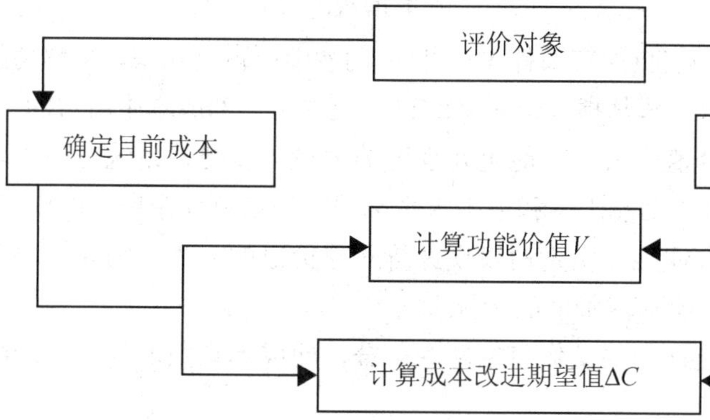

图 7-6 功能评价的程序

功能成本法主要包括两方面内容，即功能目前成本的计算和功能评价值的推算，其中关键的是功能评价值的推算。

(1) 功能目前成本的计算与一般的传统的成本核算既有相同点，也有不同之处。两者的相同点是指它们在成本费用的构成项目上是完全相同的，如建筑产品的成本费用都是由人工费、材料费、施工机械使用费、其他直接费、现场管理费等构成。而两者的不同之处在于功能目前成本的计算是以对象的功能为单位，而传统的成本核算是以产品或零部件为单位。因此，在计算功能目前成本时，就需要根据传统的成本核算资料，将产品或零部件的目前成本换算成功能的目前成本。具体地讲，当一个零部件只具有一个功能时，该零部件的成本就是它本身的功能成本；当一项功能要由多个零部件共同实现时，该功能的成本就等于这些零部件的功能成本之和。当一个零部件具有多项功能或同时与多项功能有关时，就需要将零部件的成本分摊给各项有关功能，至于分摊的方法和分摊的比例，可根据具体情况决定。

(2) 功能评价值的推算。常用的方法有方案估算法、实际价值标准法、实际统计值评价法等。

方案估算法：是由一些有经验的专家，根据预先收集到的技术、经济情报，先初步构想出几个能实现功能的方案，并大致估算实现这些方案所需要的成本，经过分析、对比，以其中最低的成本作为功能评价值。

实际价值标准法：是根据对同类产品的调查结果，从中选取成本最低者作为制定功能评价值的基准，这个基准就称为实际价值标准。利用这个预先制定的成本基准，就可以求出不同功能程度的产品的功能评价值。

实际统计值评价法：是依靠大量的统计资料，算出历史上同类产品功能成本结构的一般比例关系，利用该比例关系，预测产品的功能评价值。

2) 功能指数法

功能指数法又称相对值法，是通过评定各对象功能的重要程度，用功能指数来表示其功能重要程度的大小，然后将评价对象的功能指数与相对应的成本指数进行比较，得出该评价

对象的价值指数，从而确定改进对象，并求出该对象的成本改进期望值。其计算公式为

$$价值指数(VI) = \frac{功能指数(FI)}{成本指数(CI)} \tag{7-5}$$

式中，功能指数是指评价对象功能(如零部件等)在整体功能中所占的比率，又称功能评价系数、功能重要度系数等；成本指数是指评价对象的目前成本在全部成本中所占的比率。

功能指数法的特点是用分值来表达功能重要程度的大小，以便使系统内部的功能与成本具有可比性，由于评价对象的功能水平和成本水平都它们在总体中所占的比率来表示，这样就可以采用上面的公式方便地、定量地表现评价对象价值的大小。因此，功能指数法是采用价值指数来作为评定对象功能价值的指标。

运用功能指数法进行功能评价的工作包括两个部分，即成本指数的计算和功能指数的推算。

(1) 成本指数的计算。

成本指数的计算公式为

$$第i个评价对象的成本指数CI_i = \frac{第i个评价对象的目前成本C_i}{全部成本\sum C_1} \tag{7-6}$$

(2) 功能指数的推算。功能指数的推算是一个定性与定量相结合的过程，其主要步骤是评定功能分值。功能分值的评定是在科学的评分原则指导下，按用户要求达到的功能程度，采用适当的评分方法，评定各功能应有的分值。

功能指数的推算方法很多，常用的是强制确定法。

强制确定法又称 FD 法，包括 01 法和 04 法两种方法。它是采用一定的评分规则，用强制对比打分来评定评价对象的功能指数。下面以 01 法为例来加以说明。

01 法，是将各功能一一对比，重要者得 1 分，不重要的得 0 分，然后为防止功能指数中出现零的情况，用各加 1 分的方法进行修正，最后用各功能的修正得分除以总得分即为该功能的功能指数。如某产品有五个功能，最重要的功能为 F_2，然后依次为 F_3、F_1、F_5、F_4，其评分过程如表 7-2 所示。

表 7-2　01 评分法

功　能	F_1	F_2	F_3	F_4	F_5	得　分	修正得分	FI_i
F_1	×	0	0	1	1	2	3	0.20
F_2	1	×	1	1	1	4	5	0.33
F_3	1	0	×	1	1	3	4	0.27
F_4	0	0	0	×	0	0	1	0.07
F_5	0	0	0	1	×	1	2	0.13
合计						10	15	

强制确定法适用于被评价对象在功能重要程度上的差异不太大，并且评价对象子功能数目不太多的情况。

3. 功能价值的分析

功能的价值计算出来以后，需要进行分析，以揭示功能与成本的内在联系，确定评价对象是否为功能改进的重点，以及其功能改进的方向和幅度，为后面的方案创新工作打下良好的基础。

功能价值的分析根据功能评价方法的不同而有所不同。

1) 功能成本法中功能价值的分析

在功能成本法中，功能的价值用价值系数 V 来衡量，其计算公式为

$$V = \frac{F}{C}$$

根据上述计算公式，功能的价值系数有三种结果。

(1) $V=1$。此时功能评价值等于功能目前成本。这表明评价对象的功能目前成本与实现功能所必需的最低成本大致相当，说明评价对象的价值为最佳，一般无须改进。

(2) $V<1$。此时功能目前成本大于功能评价值。表明评价对象的目前成本偏高，这时一种可能是由于存在着过剩的功能，另一种可能是功能虽无过剩，但实现功能的条件或方法不佳，导致实现功能的成本大于功能的实际需要。这两种情况都应列入功能改进的范围，并且以剔除过剩功能及降低目前成本为改进方向。

(3) $V>1$。此时功能目前成本低于功能评价值。表明评价对象的功能目前成本低于实现该功能所应投入的最低成本，从而评价对象功能不足，没有达到用户的功能要求，应适当增加成本，提高功能水平。

2) 功能指数法中功能价值的分析

在功能指数法中，功能的价值用价值指数 VI 来表示，其计算公式为

$$\text{VI} = \frac{\text{FI}}{\text{CI}}$$

此时计算结果又分三种情况。

(1) VI=1。此时评价对象的功能比重与成本比重大致平衡，合理匹配，可以认为功能的目前成本是比较合理的。

(2) VI<1。此时评价对象的成本比重大于其功能比重，表明相对于系统内的其他对象而言，目前所占的成本偏高，从而会导致该对象的功能过剩。应将评价对象列为改进对象，改善方向主要是降低成本。

(3) VI>1。此时评价对象的成本比重小于其功能比重。出现这种结果的原因可能有三个。第一个原因是目前成本偏低，不能满足评价对象实现其应具有的功能的要求，致使对象功能偏低，这种情况应列为改进对象，改善方向是增加成本；第二个原因是对象目前具有的功能已经超过了其应具有的水平，即存在过剩功能，这种情况也应列为改进对象，改善方向是降低功能水平；最后一个原因是对象在技术、经济等方面具有某些特殊性，在客观上存在着功能很重要而需要耗费的成本却很少的情况。这种情况一般就不必列为改进对象了。

下面通过一个例子来简要说明功能指数法的具体运用。

某产品由 A、B、C、D、E、F 六个零部件组成，其重要程度排序为 D>A>C>B>F>E。

各个零部件所实现的功能以及成本核算资料等均已知。现在要对它进行功能评价，其做法如下。

(1) 功能指数的推算。这里采用 FD 法中的 01 评分法，将各个零部件按照其实现功能的重要程度进行一一比较，得到如表 7-3 所示的结果。

表 7-3 功能指数计算表

评价对象	A	B	C	D	E	F	功能得分	修正得分	功能指数
A	×	1	1	0	1	1	4	5	0.238
B	0	×	0	0	1	1	2	3	0.143
C	0	1	×	0	1	1	3	4	0.190
D	1	1	1	×	1	1	5	6	0.286
E	0	0	0	0	×	0	0	1	0.048
F	0	0	0	0	1	×	1	2	0.095
合计							15	21	1

(2) 成本指数的计算。根据成本核算资料和式(7-6)计算出各个零部件的成本指数。

(3) 根据式(7-5)计算出各个零部件的价值指数。以上两个步骤的结果如表 7-4 所示。

表 7-4 价值指数计算表

评价对象	功能指数	目前成本	成本指数	价值指数
A	0.238	180	0.360	0.661
B	0.143	121	0.242	0.591
C	0.190	88	0.176	1.080
D	0.286	71	0.142	2.014
E	0.048	22	0.044	1.091
F	0.095	18	0.036	2.639
合计	1	500	1	

(4) 根据价值指数进行分析。从各个评价对象的价值指数可以看出，评价对象 A、B 的价值指数均小于 1，说明其成本比重大于其功能比重，即目前所占的成本偏高，应将它们列为改进对象，重点考虑降低成本；对于评价对象 D、F，其价值指数均大于 1，经过分析，发现是由于存在着过剩功能的缘故，故也应将它们列为改进对象，重点考虑降低功能水平，剔除过剩的功能；至于评价对象 C、E，由于其价值指数接近于 1，说明它们的功能比重与成本比重大致相当，因此可以认为功能目前成本是比较合理的，无须列为改进对象。

(5) 确定目标成本。根据价值分析确定了具体的改进范围后，即可提出初步改进方案，并做出该方案的成本估算，即确定目标成本，然后将目标成本按功能指数的大小分摊到各个零部件上，作为控制指标，在生产过程中加以控制。假设表 7-4 中的方案改进后目标成本为 450 元，则其分配情况和各零部件的成本改进期望值如表 7-5 所示。

表 7-5 目标成本计算与分配表

零部件	功能指数 (1)	实际成本 (2)	成本指数 (3)	价值指数 (4)	按功能指数分配实际成本 (5)=(1)×500	应增减的成本指标 (6)=(5)-(2)	按功能指数分配目标成本 (7)=(1)×450	成本改进期望值 (8)=(2)-(7)
A	0.238	180	0.360	0.661	119	-61	107.1	72.9
B	0.143	121	0.242	0.591	71.5	-49.5	64.35	56.65
C	0.190	88	0.176	1.080	95	7	85.5	2.5
D	0.286	71	0.142	2.014	143	72	128.7	-57.7
E	0.048	22	0.044	1.091	24	2	21.6	0.4
F	0.095	18	0.036	2.639	47.5	29.5	42.75	-24.75
合计		500	1		500		450	

从表 7-5 中可以看出，成本改进期望值较大的对象为 A 和 B，应针对这两个零部件的功能进行调整，降低其成本，最终实现目标成本的指标。

7.4 方案的创造与评价

7.4.1 方案的创造

为了提高产品的功能和降低成本，达到有效利用资源的目的，需要寻求最佳的代替方案。寻求或构思这种最佳方案的过程就是方案的创造过程。创造也可以理解为"组织人们通过对过去经验和知识的分析与综合以实现新的功能"。价值工程能否取得成功，关键是功能分析评价之后能否构思出可行的方案。这是一个创造、突破、精制的过程。为了便于大家提方案时解放思想，常采用头脑风暴法(有时简称 BS 法)、模糊目标法(哥顿法)和专家函询法(德尔菲法)等。

7.4.2 方案的评价

经过创造过程，得到大量的提案，需要进行筛选，因此要对方案进行评价。方案评价一般分为概略评价和详细评价两种。

概略评价是对创造出的方案从技术、经济和社会三个方面进行初步研究，其目的是从众多的方案中进行粗略地筛选，使精力集中于优秀的方案，为详细评价做准备。概略评价可采用定性分析法对方案进行初选，舍弃明显不合理的方案。

详细评价是在掌握大量数据资料的基础上，对概略评价获得的少数方案进行详尽的技术评价、经济评价和综合评价，为提案的编写和审批提供依据。详细评价是多目标决策问题，常用的方法有打分法和加权法等。

方案评价的内容包括技术评价、经济评价和社会评价。技术评价是对方案功能的必要性及必要程度(如性能、质量、寿命等)以及实施的可能性进行分析评价；经济评价是对方案实施的经济效果(如成本、利润、节约额等)的大小进行分析评价；社会评价是对方案给国家和社会带来的影响(如环境污染、生态平衡、国民经济效益等)进行分析评价。

在对方案进行评价时，无论是概略评价还是详细评价，都应该包括技术评价、经济评价和社会评价三个方面的内容。一般可先做技术评价，再分别做经济评价和社会评价，最后做综合评价。其过程如图7-7所示。

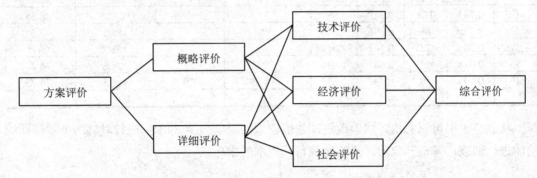

图7-7　方案评价示意图

用于方案综合评价的方法很多，定性的评价方法常用的有德尔菲法、优缺点法等，定量的评价方法常用的有加权评分法、比较价值法、环比评分法、强制评分法、几何平均值评分法等。下面简要介绍加权评分法。

加权评分法是一种用权数大小来表示评价指标的主次程度，用满足程度评分来表示方案的某项指标水平的高低，以方案评得的综合总分作为择优的依据。加权评分法的特点是同时考虑功能与成本两方面的因素，以价值系数(也即功费比)大者为最优。它主要包括四个步骤。

(1) 确定评价项目及其重要度权数。

(2) 确定各方案对各评价项目的满足程度评分。

(3) 计算各方案的评分权数和。

(4) 计算各方案的价值系数，以较大者为优。

例如，某设备更新改造决策有大修理、技术改造和更新等三个方案，各方案的费用分别为85 000元、124 000元、390 000元，各方案的功能得分及重要度权数如表7-6所示。

表7-6　方案得分及重要度权数

方案功能	方案功能得分			方案功能重要度权数
	大 修 理	技术改造	更 新	
生产质量 F_1	6	9	10	0.35
生产能力 F_2	5	9	10	0.30
安全可靠 F_3	7	10	9	0.15
操作性 F_4	6	8	9	0.05
维修性 F_5	6	9	10	0.05
耗能性 F_6	5	8	10	0.05
美观性 F_7	6	8	9	0.05

现利用加权评分法来对方案进行评价。

首先，计算各方案的评分权数和，如表 7-7 所示。

表 7-7 各方案的评分权数和

方案功能因素	重要度权数	方案的评分加权值		
		大 修 理	技术改造	更 新
F_1	0.35	0.35×6=2.1	0.35×9=3.15	0.35×10=3.5
F_2	0.30	0.30×5=1.5	0.30×9=2.7	0.30×10=3.0
F_3	0.15	0.15×7=1.05	0.15×10=1.5	0.15×9=1.35
F_4	0.05	0.05×6=0.3	0.05×8=0.4	0.05×9=0.45
F_5	0.05	0.05×6=0.3	0.05×9=0.45	0.05×10=0.5
F_6	0.05	0.05×5=0.25	0.05×8=0.4	0.05×10=0.5
F_7	0.05	0.05×6=0.3	0.05×8=0.4	0.05×9=0.45
方案的评分加权数		5.8	9.0	9.75
方案功能评价系数		0.2362	0.3666	0.3971

注：方案功能评价系数的计算公式为：5.8÷(5.8+9.0+9.75)=0.2363，其余类推。

然后，计算各方案的价值系数，如表 7-8 所示。

表 7-8 各方案的价值系数

方案名称	功能评价系数	成本和费用/元	成本指数	价值指数
大修理	0.2362	85 000	0.1419	1.6646
技术改造	0.3666	124 000	0.2070	1.7710
更新	0.3971	390 000	0.6511	0.6099
合计	1	599 000	1	

从表中的计算结果可以看出，技术改造方案的价值系数最大，因此技术改造方案为最优方案。

7.4.3 价值工程的应用

在产品形成的各个阶段都可以应用价值工程提高产品的价值。但在不同阶段进行的价值工程活动，其经济效果提高的幅度却不同。对于大型的产品，应用价值工程的重点是在产品的研究设计阶段，一旦图纸设计完成并投产，产品的价值就基本确定了，这时再进行分析就变得更加复杂，不仅原来的许多工作成果付诸东流，而且改变生产、工艺、设备、工具等可能会造成很大的浪费，使价值工程活动的技术经济效果大大下降。因此，在大型产品的设计研制阶段就应开始价值工程活动，以取得最佳的综合效果。

项目的建设是一项系统工程，必须有一种能够包括管理思想、操作方法和基本工作步骤等内容的结构化程序对其进行科学的组织和正确的引导，使价值工程既能够作用于人的行为，又能够实施对建造过程和产品的管理。根据有关资料，日本工人提出的改善提案，一般能降低成本的 5%，经过培训的技术人员的提案则能够降低成本 10%～15%，而有组织的价值活动可以达到 30%甚至更高。资料显示，价值工程的收益是投入价值工程费用的 12 倍。

对于从事工程项目建设技术经济分析的人来说，应该使投资者的每一笔投资都物有所值。

7.4.4 价值工程活动成果的总结

企业开展价值工程的目的在于提高产品的价值，取得好的经济效益。通过功能分析、方案创造和实施等一系列活动，实际取得的技术经济效果如何，必须认真进行总结。

价值工程活动成果的总结，就是将改进方案的各项技术经济指标与原设计进行比较，以考察方案(活动)所取得的综合效益。

思考与练习

1. 什么是功能、成本和价值？三者的特征是什么？
2. 什么是价值工程？其主要特征是什么？
3. 提高价值工程的途径有哪些？
4. 以你熟悉的某一产品为例，试对其进行功能分析。
5. 试述功能评价的概念、作用及其基本途径。
6. 某产品诸功能评价指数、功能目前成本如表 7-9 所示，试用功能指数评价法确定产品功能的具体目标。

表 7-9 某产品的功能评价指数和功能目前成本表

项目功能	功能指数	目前成本	成本指数	价值指数	分配功能成本	功能评价成本	降低期望值	改进顺序
A	0.35	210						
B	0.25	80						
C	0.20	120						
D	0.15	60						
E	0.05	30						
合计		500						

7. 某产品具有 A、B、C、D 四个部件，其对应功能分别为 F_1、F_2、F_3、F_4，在各功能上的分配及功能系数如表 7-10 所示。若以实际成本降低 20%为目标成本，要求：

(1) 计算各功能评价值和成本降低期望值；

(2) 确定改进目标。

表 7-10　某产品的功能分配及功能系数表

序　号	部件名称	功　能			
		F_1	F_2	F_3	F_4
1	A	100	—	100	100
2	B	100	50	150	200
3	C	—	—	20	50
4	D	50	40	—	50
功能重要系数		0.32	0.05	0.16	0.47

第8章 建设项目可行性研究

【知识目标】

◆ 了解可行性研究要解决的几个问题。

◆ 了解可行性研究的作用。

◆ 了解市场分析在企业经营管理中的作用。

◆ 熟悉可行性研究的基本概念。

◆ 熟悉可行性分析的内容。

◆ 熟悉市场调查的方法。

◆ 掌握市场预测的方法。

◆ 掌握财务评价和国民经济评价的概念、区别与联系。

【技能目标】

培养对实际工程案例进行可行性研究的能力和市场预测的能力，并建立对项目财务评价和国民经济评价的初步认识。

【引言】

建设项目可行性研究是项目前期阶段的重要内容，只有可行性研究报告被批准后，项目才能够立项。本章主要介绍可行性研究的概念、市场分析、财务评价和国民经济评价。

8.1 可行性研究的内容

8.1.1 可行性研究的定义

可行性研究(feasibility study)，是根据国民经济长期发展规划、地区发展规划和行业发展规划的要求，运用多种科学手段(包括技术科学、社会学、经济学及系统工程学等)综合地对一项工程的必要性、合理性、可行性进行技术经济论证的综合科学。它的基本任务是通过广泛的调查研究，综合论证一项工程在技术上是否先进、可靠和实用，在财务上是否盈利，在经济上是否合理，为投资决策提供科学的依据，它还能为银行贷款、合作者签约、工程设计等提供依据和基础资料，它是决策科学化的必要步骤和手段。

一个工程项目要经历投资前期、建设时期及生产经营时期三个时期，其全过程如图 8-1 所示。

一般来说，通过可行性研究我们要解答以下六个问题。

(1) 建设项目在技术上是否可行？

(2) 建设项目在经济上是否合理？在财务上的盈利有多少？

(3) 建设项目需要的投资有多少？

(4) 筹集资金有哪些渠道？

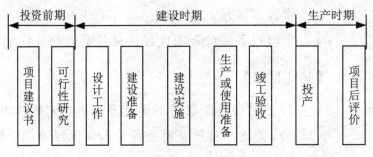

图 8-1　工程项目全过程示意图

(5) 建设和维持一个项目的生存和发展，需要多少人力和物力资源？

(6) 项目所需要的建设时间有多长？

总地来说，上述六个问题的研究内容分为三个方面，即工艺技术方面的研究、市场需求和资源条件的研究、财务经济状况的分析研究。这三个方面的研究内容有着密切的联系，其中，市场和资源是前提，技术是手段，财务经济状况是核心，全部可行性研究都必须围绕这个核心进行。

8.1.2 可行性研究的作用

可行性研究是项目建设前期工作的重要组成部分，其主要作用如下。

1．可行性研究是建设项目投资决策的依据

由于可行性研究是对建设项目有关的各个方面都进行了调查研究和分析，并以大量数据论证了项目的先进性、合理性、经济性以及其他方面的可行性，项目主管机关主要是根据项目可行性研究的评价结果，并结合国家的财政经济条件和国民经济发展的需要，做出此项目是否应该投资和如何进行投资的决定，因此，可行性研究是投资者对项目进行决策的重要依据。

2．可行性研究是筹集项目建设资金的依据

银行要对建设项目贷款时，首先要严格审查项目的可行性研究报告，在对建设项目的经济效益、盈利状况进行分析的基础上，判断项目建成后的偿还能力。银行只有在确认项目有能力按时归还贷款，不至于承担较大风险时，才会给予贷款。

3．可行性研究是建设项目设计的依据

建设项目的设计要严格按批准的可行性研究报告的内容进行，不得随意修改。

4．可行性研究是向当地政府、规划部门及环境保护部门申请建设执照的依据

可行性研究报告经审查，符合政府发展、规划部门的要求，对污染处理得当，不造成环境污染时，方能发给建设执照。

5．可行性研究是建设项目的基础资料

在可行性研究报告中，对工厂厂址、工艺技术方案、生产规模、交通运输、设备选型等方面的问题都进行了方案比较，并经反复分析论证，寻找出最佳的解决办法，提出了推荐方案。所以，可行性研究报告是项目建设的重要基础资料，是存档资料之一。

6．可行性研究是科研试验、机构设置、招收人员、职工培训等工作的依据

根据批准的可行性研究报告，进行与建设项目有关的科研试验，设置相关的组织机构，进行职工培训等。

7．可行性研究是组织施工、安排项目建设进度的重要依据

组织施工，安排项目建设进度必须以可行性研究为依据。

8．可行性研究是项目考核和后评价的依据

项目竣工、正式投产后的生产考核，应当以可行性研究所制定的生产纲领、技术标准以及经济效果作为考核标准。

8.1.3　可行性研究报告的编制依据

1．国民经济中长期发展规划和产业政策

国家和地方国民经济和社会发展规划是一个时期国民经济发展的纲领性文件，对项目

建设具有指导作用，另外，产业发展规划也同样可作为项目建设的依据。例如，国家关于一定时期内优先发展产业的相关政策、国家为缩小地区差别确立的地区开发战略，以及国家为加强民族团结而确定的地区发展规划。

2．项目建议书

项目建议书是建设单位向国家提出的要求建设某一建设项目的建议文件，是对建设项目的轮廓设想，是从拟建项目的必要性及大方面的可能性加以考虑的。基础性项目和公益性项目只有其项目建议书经国家主管部门核准后，才可开展可行性研究。可行性研究确定的项目规模和标准原则上不应突破项目建议书相应的指标。

3．建设单位的意图

可行性研究的承担人应充分了解建设单位建设项目的背景、意图、设想，认真听取建设单位对市场行情、资金来源、协作单位、建设工期以及工作范围等情况的说明。

4．有关的基础资料

进行厂址选择、工程设计、技术经济分析需要可靠的自然、地理、气象、水文、地质、经济、社会等基础资料和数据。

5．有关的技术经济规范、标准、定额等指标

例如，钢铁企业单位生产能力投资指标、酒店单位客房投资指标等，都是进行技术经济分析的重要依据。

6．有关经济评价的基本参数和指标

例如，基准收益率、社会折现率、基准投资回收期、汇率等，这些参数和指标都是对建设项目经济评价结果进行衡量的重要依据。

8.1.4　可行性研究报告的内容

可行性研究过程形成的工作成果一般通过可行性研究报告固定下来。由于建设项目具有单件性的特点，这就决定了不同的建设项目应根据自身的特点编写可行性研究报告，不同的行业可行性研究报告的内容要求也不一样。根据国家发展和改革委员会的有关规定，一般工业项目可行性研究报告的内容如下。

1．总论

主要内容包括项目提出的背景、概况、投资的必要性和经济意义以及问题与建议。

2．市场分析

市场分析包括市场调查和市场预测，是可行性研究的重要环节。其主要内容包括市场现状调查、产品供需预测、价格预测、竞争力分析、市场风险分析。

3．资源条件评价

主要内容包括资源可利用量、资源品质情况、资源开发条件。

4．建设规模与产品方案

主要内容包括建设规模与产品方案构成、建设规模与产品方案技术经济分析和比较、推荐的建设规模与产品方案、原有设施利用情况。

5．场址选择

主要内容包括场址现状(如地理位置、气象、水文、地质、地形条件和社会经济状况等)、场址方案比较与选择、推荐的场址方案。

6．技术方案、设备方案和工程方案

主要内容包括主要技术方案选择、工程方案选择、主要设备方案选择。

7．原材料、燃料供应

主要内容包括主要原材料供应方案、燃料供应方案。

8．总图运输与公用设施情况

主要内容包括总图布置方案、场内外运输方案、公用设施的数量和供应条件。

9．节能措施

主要内容包括节能措施、能耗指标分析。

10．节水措施

主要内容包括节水措施、水耗指标分析。

11．环境影响评价

主要内容包括环境现状、影响环境因素分析、环境保护措施。

12．劳动安全卫生与消防

主要内容包括危险因素和危害程度分析、安全防范措施、卫生保健措施、消防设施。

13．组织机构与人力资源配置

主要内容包括组织机构设置、人力资源配置、员工培训。

14．项目实施进度

主要内容包括建设工期、实施进度安排。

15．投资估算

主要内容包括建设投资估算、流动资金估算、投资估算表。

16. 融资方案

主要内容包括资金来源、筹措方式、融资方案分析。

17. 财务评价

主要内容包括财务评价基础数据与参数选取、销售收入与成本费用估算、财务评价报表、盈利能力分析、偿债能力分析、不确定性分析、财务评价结论。

18. 国民经济评价

主要内容包括影子价格及评价参数选取、效益费用范围与数值调整、国民经济评价报表、国民经济评价指标、国民经济评价结论。

19. 社会评价

主要内容包括项目对社会影响分析、项目与所在地互适性分析、社会风险分析、社会评价结论。

20. 风险分析

主要内容包括项目主要风险识别、风险程度分析、防范风险对策。

21. 研究结论与建议

主要内容包括推荐方案总体描述、推荐方案优缺点描述、主要对比方案、结论与建议。

8.1.5　可行性研究报告的深度要求

根据国家发展和改革委员会的有关规定,可行性研究报告应在以下方面达到使用要求。

(1) 可行性研究报告应能充分反映项目可行性研究工作的成果,内容齐全,结论明确,数据准确,论据充分,满足决策者确定方案和项目决策的要求。

(2) 可行性研究报告选用主要设备的规格、参数应能满足预订货的要求;引进技术设备的资料应能满足合同谈判的要求。

(3) 可行性研究报告中的重大技术、经济方案,应有两个以上方案的比选。

(4) 可行性研究报告中确定的主要工程技术数据,应能满足项目初步设计的要求。

(5) 可行性研究报告中构造的融资方案,应能满足银行等金融部门信贷决策的需要。

(6) 可行性研究报告中应反映可行性研究过程中出现的某些方案的重大分歧及未被采纳的理由,以供委托单位与投资者权衡利弊进行决策。

(7) 可行性研究报告应附有评估、决策(审批)所必需的合同、协议、意向书、政府批件等。

8.2　市　场　分　析

8.2.1　市场分析的定义

市场分析是指通过市场调查和市场预测，了解项目所需的原材料、能源、设备、技术等市场供应情况，根据项目产品的市场环境、竞争力和竞争者，分析、判断项目投产后所生产的产品在限定时间内是否有市场，以及采取怎样的营销战略来实现销售目标。

市场分析的主要目的是研究项目产品的潜在销售情况，开拓潜在市场，安排好产品地区之间的合理分配，以及企业经营产品的地区市场占有率。通过市场分析，可以更好地认识市场产品供应和需求的比例关系，采取正确的经营战略，满足市场需要，提高企业经营活动的经济效益。在可行性研究报告中市场分析是确定建设项目规模的依据。

市场分析的主要内容包括以下五个部分。

(1) 商品分类销售实际分析。

(2) 地区类别市场动态分析。

(3) 新产品市场销售分析。

(4) 消费者购买类型销售分析。

(5) 销售费用分析。

8.2.2　市场调查

市场调查是运用适当的方法，有目的、系统地搜集市场信息资料，分析市场的客观实际情况。市场调查是市场预测的基础，也是建设项目可行性研究的起点。市场调查的方法主要有以下三种。

1. 间接搜集信息法

间接搜集信息法，是指调研人员通过各种媒体(如互联网、报纸、杂志、电视、广播、统计年鉴等)，对现成信息资料进行搜集、分析、研究和利用的活动。间接搜集信息法一般通过查找、索讨、购买、交换、接收等手段来实现。

间接搜集信息法的优点是获取资料速度快、费用省，并能举一反三；缺点是针对性差、深度不够、准确性不高，需要采用适当的方法进行二次处理和验证。

2. 直接访问法

直接访问法，是将拟调查的事项，以面谈、电话或书面形式向被调查者提问，以获得所需资料信息的调查方法。直接访问法按具体访问方式的不同分为面谈调查、电话调查和问卷调查等。

1) 面谈调查

面谈调查包括将专家请进来的座谈会调查和调查人员走出去的个人访谈。

面谈调查的优点是当面听取被调查者的意见,可以全方位观察其本身的状况和对问题的反应;信息回收率高;谈话可逐步深入,获得意想不到的信息。其缺点是调查成本高;调查结果受专家水平及调查人员本身素质影响较大。

2) 电话调查

由调查人员根据抽样规定或样本范围,通过电话询问对方意见。

电话调查的优点是可在短时间内调查较多样本;成本较低。其缺点是不易获得对方的合作;不能询问较为复杂的问题。

3) 问卷调查

问卷调查是一种应用较广泛的直接调查方式。它是通过设计调查问卷将调查意图清晰展现给被调查者的调查方式。

问卷调查的优点是调查成本低;能在短时间内使被调查者了解调查意图;由于问卷对每一问题往往设置选择项,节省了被调查者思考的时间;可消除由于调查人员自身素质的差异造成的调查结果的误差;增强了调查工作的计划性和条理性。其缺点是有时回收率低;有时被调查人员不配合,影响调查人员的工作情绪。

3. 直接观察法

直接观察法是调查人员在调查现场,从旁观察被调查者行动的一种调查方法。这种方法的特点是被调查者并未察觉时调查工作已完成。

直接观察法按观察对象可分为对交通量观察、对售房量观察、对商场观察等三种。

直接观察法的优点是因被调查者没有意识到自己正在接受调查,一切状况均保持自然,故准确性较高;缺点是观察不到内在因素,有时需要进行长时间的观察才能求得结果。

8.2.3 市场预测

市场预测是在市场调查的基础上,通过对市场资料的分析研究,运用科学的方法和手段推测市场未来的发展趋势,掌握市场供求变化的规律,为经营决策提供可靠的依据。

预测的方法按照不同的标准可分成不同的类别。按照预测结果属性可以分为定性预测和定量预测。

1. 定性预测法

定性预测法也称为直观判断法,是市场预测中经常使用的方法。定性预测主要依靠预测人员所掌握的信息、经验和综合判断能力,预测市场未来的状况和发展趋势。这类预测方法简单易行,特别适用于那些难以获取全面的资料进行统计分析的问题。因此,定性预测方法在市场预测中得到广泛的应用。定性预测方法又包括专家会议法、德尔菲法、销售人员意见汇集法、顾客需求意向调查法。在这里主要介绍德尔菲法。

德尔菲法是依据系统的程序,采用匿名发表意见的方式,即专家之间不得互相讨论,不发生横向联系，只能与调查人员发生关系，通过多轮次调查专家对问卷所提问题的看法，经过反复征询、归纳、修改，最后汇总成专家基本一致的看法，作为预测的结果。这种方法具有广泛的代表性，较为可靠。

采用德尔菲法预测有一套独特的程序，它主要包括三个阶段：准备阶段、轮番征询阶段和结果处理阶段。

1) 准备阶段

准备阶段主要完成四个方面的工作：明确预测主题和预测目的；选择专家；准备背景资料；设计调查咨询表。

2) 轮番征询阶段

准备阶段完成后，就要进入由专家们针对预测调查进行论证的阶段了。这一阶段主要通过反复地轮番询问专家的预测意见来实现。

第一轮：①由组织者发给专家的第一轮调查表是开放式的，不带任何条件，只提出预测问题。请专家围绕预测主题提出预测事件。如果限制太多，会漏掉一些重要事件。②预测组织者要对专家填好的调查表进行汇总整理，归并同类事件，排除次要事件，用准确术语提出一个预测事件一览表，并作为第二轮调查表发给专家。

第二轮：①专家对第二轮调查表所列的每个事件做出评价。例如，说明事件发生的时间、叙述事件或迟或早发生的理由。②预测组织者收到第二轮专家意见后，对专家意见进行统计处理，整理出第三张调查表。第三张调查表包括事件、事件发生的中位数和上下四分点，以及事件发生时间在四分点外侧的理由。

第三轮：①把第三张调查表发下去后，请专家重申理由；对上下四分点外的对立意见作一个评价；给出自己新的评价(尤其是在上下四分点外的专家，应重述自己的理由)；如果修正自己的观点，也请叙述为何改变，原来的理由错在哪里，或者说明哪里不完善。②专家们的新评论和新理由返回到组织者手中后，组织者的工作与第二轮十分类似：统计中位数和上下四分点；总结专家观点，重点是双方有争论的意见，形成第四张调查表。

第四轮：①请专家对第四张调查表再次评价和权衡，做出新的预测。是否要求做出新的论证与评价，取决于组织者的要求；②当第四张调查表返回后，组织者的任务与上一轮的任务相同：计算每个事件的中位数和上下四分点，归纳总结各种意见的理由以及争论点。

3) 结果处理阶段

预测结果处理阶段，是要把最后一轮的专家意见加以统计、归纳和处理，得出代表专家意见的预测值和离散程度。然后，对专家意见做出分析和评价，确定预测方案。在该阶段最主要的工作是用一定的统计方法对专家的意见做出统计、归纳和处理。这里所说的中位数法和上、下四分位数法统计处理方法，主要用于预测结果为时间或数量时的统计处理，用中位数代表专家预测意见的协调结果，即调查结果的期望值；用上、下四分位数反映专家意见的离散程度，上、下四分位数之间的区域为四分位区间，区间越小，说明意见越集中。

首先，将专家们提供的预测值按从小到大的顺序排列，得到下面的数据序列：
$x_1 \leqslant x_2 \leqslant x_3 \leqslant \cdots \leqslant x_{n-1} \leqslant x_n$。

其次，使用下面的公式计算中位数。

当预测结果为偶数时，$\bar{x} = x_{\frac{n+1}{2}}$；当预测结果为奇数时，$\bar{x} = \dfrac{x_{\frac{n}{2}} + x_{\frac{n+2}{2}}}{2}$

最后，求上、下四分位数。

在小于等于中位数的预测值中再取中位数，即为调查结果的下四分位数；在大于等于中位数的预测值中再取中位数，即为调查结果的上四分位数。

2. 定量预测法

定量预测是利用比较完备的历史资料，运用数学模型和计量方法，来预测未来的市场需求。定量预测基本上分为两类：一类是时间序列预测，另一类是因果关系预测。

时间序列预测也称为历史资料延伸预测，就是通过编制和分析时间序列，根据时间序列所反映出来的发展过程、方向和趋势，进行类推或延伸，借以预测下一段时间或以后若干年内可能达到的水平。根据对资料分析方法的不同，时间序列预测又可分为：简单序时平均数法、加权序时平均数法、移动平均法、加权移动平均法、趋势预测法、指数平滑法、季节性趋势预测法、市场寿命周期预测法等。

因果关系预测是利用事物发展的因果关系来推测事物发展趋势的方法，一般根据过去掌握的历史资料找出预测对象的变量与其相关事物的变量之间的依存关系来建立相应的因果预测的数学模型，然后通过对数学模型的求解进行预测。因果关系预测又可分为：回归分析法、经济计量模型、投入产出法等。

在这里，时间序列模式以移动平均法为例，因果关系模式以回归分析法为例。

1) 移动平均法

移动平均法是用分段逐点推移的平均方法对时间序列数据进行处理，找出预测对象的历史变动规律，并据此建立预测模型的一种时间序列预测方法。

具体做法：把已知数据点划分为若干段，然后按数据点的顺序逐点推移，逐点求其平均值，以期得到一组较明显趋势的新数据。由于移动平均法具有时间上的滞后性，一般不用于直接预测，而是根据一次和二次移动的平均数，先建立移动平均预测模型后再进行预测。

假设预测对象时间序列数据为 x_t（$t = 1, 2, \cdots, m$）

一次移动平均值的计算公式为

$$W_t^{(1)} = \frac{1}{n}(x_t + x_{t-1} + \cdots + x_{t-n+1}) \tag{8-1}$$

式中：$W_t^{(1)}$——第 t 周期的一次移动平均值；

　　　n——分段数据点数。

二次移动平均值的计算公式为

$$W_t^{(2)} = \frac{1}{n}\left(W_t^{(1)} + W_{t-1}^{(1)} + \cdots + W_{t-n+1}^{(1)}\right) \tag{8-2}$$

式中：$W_t^{(2)}$——第 t 周期的二次移动平均值。

预测模型为

$$\hat{y}_{t+T} = a_t + b_t \times T \tag{8-3}$$

式中：t ——目前的周期序号；

T ——由目前到预测周期的周期间隔数；

$\hat{y}_{t+T}$ ——第 $t+T$ 周期的预测值；

a_t ——线性预测模型的截距；

b_t ——线性预测模型的斜率，即每周期预测值的变化量。

$$a_t = 2W_t^{(1)} - W_t^{(2)} \tag{8-4}$$

$$b_t = \frac{2}{n-1}\left(W_t^{(1)} - W_t^{(2)}\right) \tag{8-5}$$

例 8-1　已知某型号的家庭小轿车连续 20 个月的全国销售量如表 8-1 所示。取 $n=3$，试预测该种小轿车第 21 个月的销售量。

表 8-1　家庭小轿车销售量表

单位：千辆

月	1	2	3	4	5	6	7	8	9	10
销售量	1.0	1.5	2.0	2.2	2.0	2.5	3.2	3.1	3.0	3.4
$W_t^{(1)}$	—	—	1.50	1.90	2.07	2.23	2.56	2.93	3.10	3.17
$W_t^{(2)}$	—	—	—	—	1.82	2.07	2.29	2.57	2.86	3.07
月	11	12	13	14	15	16	17	18	19	20
销售量	3.3	3.8	4.2	4.3	4.4	4.8	5.0	5.1	5.2	5.2
$W_t^{(1)}$	3.23	3.50	3.77	4.10	4.30	4.50	4.70	4.93	5.07	5.13
$W_t^{(2)}$	3.17	3.30	3.50	3.79	4.06	4.30	4.50	4.71	4.94	5.09

解：　由式(8-1)得

$$W_3^{(1)} = \frac{1}{3} \times (1 + 1.5 + 2) = 1.50$$

$$W_4^{(1)} = \frac{1}{3} \times (1.5 + 2 + 2.2) = 1.90$$

依次类推，可得到一次移动平均值序列，如表 8-1 所示。

由式(8-2)得

$$W_5^{(2)} = \frac{1}{3} \times (1.5 + 1.9 + 2.07) = 1.82$$

$$W_6^{(2)} = \frac{1}{3} \times (1.9 + 2.07 + 2.23) = 2.07$$

依次类推，可得到二次移动平均值序列，如表 8-1 所示。

由式(8-4)得

$$a_{20} = 2W_{20}^{(1)} - W_{20}^{(2)} = 2 \times 5.13 - 5.09 = 5.17$$

由式(8-5)得

$$b_{20} = \frac{2}{3-1}(W_{20}^{(1)} - W_{20}^{(2)}) = 5.13 - 5.09 = 0.04$$

由式(8-3)得

$$\hat{y}_{21} = a_{20} + b_{20} \times T = 5.17 + 0.04 \times 1 = 5.21(千辆)$$

2) 回归分析法

回归分析预测法是一种因果关系预测法，是通过分析事物间的因果关系和相互影响的程度，建立适当的计量模型进行预测的方法。现实经济中，许多经济变量之间存在着固有关系，其中一些变量受另一些变量或因素的支配。我们把前一类变量称为因变量或被解释变量，后一类变量称为自变量或解释变量。回归分析预测法，是在分析市场现象自变量和因变量之间相互关系的基础上，建立变量之间的回归方程，并将回归方程作为预测模型，根据自变量在预测期的数量变化来预测因变量。

回归分析预测法有多种类型。依据相关关系中自变量的个数不同，回归分析预测法可分为一元回归分析预测法和多元回归分析预测法。在一元回归分析预测法中，自变量只有一个，而在多元回归分析预测法中，自变量有两个以上。依据自变量和因变量之间的相互关系不同，回归分析预测法可分为线性回归预测和非线性回归预测。这里介绍一元线性回归预测法。

(1) 建立一元线性回归方程。

$$y = a + bx \tag{8-6}$$

式中：y——因变量，即拟进行预测的变量；

x——自变量，即引起因变量变化的变量；

a、b——回归系数，即表示x与y之间关系的系数。

(2) 根据最小二乘法原理，由已知样本数据求出回归系数a、b，确定回归方程$y = a + bx$。

$$b = \frac{n\sum xy - \sum x \sum y}{n\sum x^2 - \left(\sum x\right)^2} \tag{8-7}$$

$$a = \frac{1}{n}\left(\sum y - b\sum x\right) \tag{8-8}$$

式中：n——样本数目。

例 8-2 某市建材市场用一元线性回归预测法对整体式卫浴的销售量进行预测。根据对已收集数据的观测，历年整体式卫浴销售量与同期商品房销售量有相关关系，有关历史数据如表 8-2 所示。根据城建部门的规划，2012 年该市商品房销售量将达到 165.6 万平方米，试预测该年度整体式卫浴的销售量。

表 8-2 整体式卫浴和商品房销售量的基础数据及计算过程

序号	年份	商品房销售量 x/万平方米	整体式卫浴销售量 y/万套	xy	x^2	y^2
1	2000	20.0	0.3	6.0	400.0	0.09
2	2001	40.0	0.6	24.0	1600.0	0.36

续表

序号	年份	商品房销售量 x/万平方米	整体式卫浴销售量 Y/万套	xy	x^2	y^2
3	2002	60.5	1.2	72.6	3660.3	1.44
4	2003	96.0	1.4	134.4	9216.0	1.96
5	2004	102.5	1.8	184.5	10 506.3	3.24
6	2005	110.0	2.1	231.0	12 100.0	4.41
7	2006	116.4	2.4	279.4	13 549.0	5.76
8	2007	118.6	2.7	320.2	14 066.0	7.29
9	2008	120.8	3.4	410.7	14 592.6	11.56
10	2009	133.6	3.6	481.0	17 849.0	12.96
11	2010	143.5	4.0	574.0	20 592.3	16.00
12	2011	145.0	4.5	652.5	21 025.0	20.25
∑		1206.9	28	3370.3	139 156.3	85.32

解：设整体式卫浴销售量为 y，同期商品房销售量为 x，则回归方程为 $y = a + bx$。

由式(8-7)得

$$b = \frac{n\sum xy - \sum x \sum y}{n\sum x^2 - \left(\sum x\right)^2} = \frac{12 \times 3370.3 - 1206.9 \times 28}{12 \times 139\,156.3 - (1206.9)^2} = 0.0312$$

由式(8-8)得

$$a = \frac{1}{n}\left(\sum y - b\sum x\right) = \frac{1}{12}(28 - 0.0312 \times 1206.9) = -0.8046$$

由式(8-6)得

$$y = a + bx = -0.8046 + 0.0312x$$

将 2012 年该市商品房销售量将达到 165.6 万平方米代入上式可得该年度整体式卫浴的销售量预测结果为

$$y = a + bx = -0.8046 + 0.0312x = -0.8046 + 0.0312 \times 165.6 = 4.4(万套)$$

8.3　财　务　评　价

建设项目经济评价是在完成市场调查与预测、拟建规模、营销策划、资源优化、环境保护、技术方案论证、投资估算与资金筹措等可行性分析的基础上，对拟建项目各方案投入与产出的基础数据进行推测、估算，对拟建项目各方案进行评价和选优的过程。经济评价的工作成果融汇了可行性研究的结论性意见和建议，是投资主体决策的重要依据。

建设项目经济评价根据评价的角度、范围、作用的不同分为财务评价和国民经济评价。本节介绍财务评价的主要内容及理论和方法。

8.3.1　财务评价概述

1．财务评价的概念

财务评价是在国家现行财税制度和价格体系的前提下，从项目的角度出发，计算项目范围内的财务效益和费用，分析项目的盈利能力和清偿能力，评价项目在财务上的可行性。

2．财务评价的内容

财务评价包括三方面的内容。

1) 盈利能力分析

项目的盈利能力是指分析和测算建设项目计算期的盈利能力和盈利水平。其主要分析指标包括项目投资财务内部收益率和财务净现值、项目资本金财务内部收益率、投资回收期、总投资收益率和项目资本金净利润率等，可根据项目的特点及财务分析的目的和要求等选用。

2) 偿债能力分析

项目偿债能力是指分析和判断财务主体的偿债能力，其主要指标包括利息备付率、偿债备付率和资产负债率等。

3) 财务生存能力分析

财务生存能力分析也称资金平衡分析，是根据项目财务计划现金流量表，通过考察项目计算期内各年的投资、融资和经营活动所产生的各项现金流入和流出，计算净现金流量和累计盈余资金，分析项目是否有足够的净现金流量维持正常运营，以实现财务可持续性。而财务可持续性应首先体现在有足够的经营净现金流量，这是财务可持续的基本条件；其次在整个运营期间，允许个别年份的净现金流量出现负值，但各年累计盈余资金不应出现负值，这是财务生存的必要条件。若出现负值，应进行短期借款，同时分析该短期借款的时间长短和数额大小，进一步判断项目的财务生存能力。短期借款应体现在财务计划现金流量表中，其利息应计入财务费用。为维持项目正常运营，还应分析短期借款的可靠性。

8.3.2　财务评价的目的

1．衡量经营性项目的盈利能力

自从我国实行企业(项目)法人责任制后，企业法人要对建设项目的筹划、筹资、建设直至生产经营、归还贷款或债券本息以及资产的保值、增值实行全过程负责，承担投资风险。除需要国家安排资金和外部条件需要统筹安排的，应按规定报批外，凡符合国家产业政策，由企业投资的经营性项目，其可行性研究报告和初步设计，均由企业法人自主决策。因决策失误或管理不善造成企业法人无力偿还债务的，银行有权依据合同取得抵押资产或由担保人负责偿还债务。因此，企业所有者和经营者对项目盈利水平能否达到行业的基准收益率或企业目标收益率；项目清偿能力如何，是否低于行业基准回收期；能否按银行要求的期限偿还贷款等，将十分关心。此外，国家和地方各级决策部门、财务部门和贷款部门(如银行)对此也非常关心。为了使项目在财务上能站得住脚，有必要进行项目财务分析。

2．衡量非经营性项目的财务生存能力

对于非经营项目，如公益性项目和基础性项目，在经过有关部门批准的情况下，可以实行还本付息价格或微利价格，在这类项目决策中，为了权衡项目在多大程度上要由国家或地方财政给予必要的支持，如进行政策性的补贴或实行减免税等经济优惠措施，同样需要进行财务计算和评价。由于基础性项目大部分属于政策性投融资范围，主要由政府通过经济实体进行投资，并吸引地方、企业参与投资，有的也可吸引外商直接投资，因而这类项目的投融资既要注重社会效益，也要遵循市场规律，讲求经济效益。

3．合营项目谈判签约的重要依据

合同条款是中外合资项目和合作项目双方合作的首要前提，而合同的正式签订又离不开经济效益分析，实际上合同条款的谈判过程就是财务评价的测算过程。

4．项目资金规划的重要依据

建设项目的投资规模、资金的可能来源、用款计划的安排和筹资方案的选择都是财务评价要解决的问题。为了保证项目所需资金按时提供(资金到位)，投资者(如国家、地方、企业和其他投资者)、项目经营者和贷款部门都要知道拟建项目的投资金额，并据此安排资金计划和国家预算。

8.3.3　财务评价方法

1．财务评价的基本方法

财务评价的基本方法包括确定性评价方法与不确定性评价方法两种，对同一项目必须同时进行确定性评价和不确定性评价。

2．按评价方法的性质分类

按评价方法的性质不同，财务评价可分为定量分析和定性分析。

1) 定量分析

定量分析是指对可度量因素的分析。在项目财务评价中考虑的定量分析因素包括资产价值、资本成本、有关销售额、成本等一系列可以以货币表示的一切费用和收益。

2) 定性分析

定性分析是指对无法精确度量的重要因素进行的估量分析。

在项目财务评价中，应坚持定量分析与定性分析相结合，以定量分析为主的原则。

3．按评价方法是否考虑时间因素分类

对定量分析，按其是否考虑时间因素又可分为静态分析和动态分析。

1) 静态分析

静态分析是不考虑资金的时间因素，亦即不考虑时间因素对资金价值的影响，而对现金流量分别进行直接汇总来计算分析指标。

2) 动态分析

动态分析是在分析项目或方案的经济效益时，对发生在不同时间的效益、费用计算资金的时间价值，把现金流量折现后来计算分析指标。在工程经济分析中，由于时间和利率的影响，对投资方案的每一笔现金流量都应该考虑它所发生的时间，以及时间因素对其价值的影响。动态分析能较全面地反映投资方案整个计算期的经济效益。

在项目财务评价中，应坚持动态分析与静态分析相结合，以动态分析为主的原则。

4. 按评价是否考虑融资分类

财务分析可分为融资前分析和融资后分析。一般宜先进行融资前分析，在融资前分析结论满足要求的情况下，初步设定融资方案，再进行融资后分析。

1) 融资前分析

融资前分析应以动态分析为主，静态分析为辅。融资前动态分析应以营业收入、建设投资、经营成本和流动资金的估算为基础，考察整个计算期内现金流入和现金流出，编制项目投资现金流量表，利用资金时间价值的原理进行折现，计算项目投资的财务内部收益率和财务净现值等指标。融资前分析排除了融资方案变化的影响，从项目投资总获利能力的角度，考察项目方案设计的合理性。融资前分析计算的相关指标，应作为初步投资决策与融资方案研究的依据和基础。

根据分析角度的不同，融资前分析可选择计算所得税前指标或所得税后指标。融资前分析也可计算静态投资回收期指标，用以反映收回项目投资所需要的时间。

在项目建议书阶段，可只进行融资前分析。

2) 融资后分析

融资后分析应以融资前分析和初步的融资方案为基础，考察项目在拟定融资条件下的盈利能力、偿债能力和财务生存能力，判断项目方案在融资条件下的可行性。融资后分析用于比选融资方案，帮助投资者做出融资决策。融资后的盈利能力分析也应包括动态分析和静态分析。

5. 按项目评价的时间分类

按项目评价的时间不同，财务评价可分为事前评价、事中评价和事后评价。

1) 事前评价

用于投资决策的事前评价，是指在建设项目实施前投资决策阶段所进行的评价。显然，事前评价会有一定的预测性，故有一定的不确定性和风险性。

2) 事中评价

事中评价又称跟踪评价，是指在项目建设过程中所进行的评价。这是由于在项目建设前所做的评价结论及评价所依据的外部条件(如市场条件、投资环境等)的变化而需要进行修改，或因事前评价时考虑问题不周、失误，甚至根本未做事前评价，在建设中遇到困难，而不得不反过来重新进行评价，以决定原决策有无全部或局部修改的必要性。

3) 事后评价

事后评价也称为项目后评价，是在项目建成投产并达到正常生产能力后，总结评价项目投资决策的正确性，以及项目实施过程中项目管理的有效性等。

8.3.4 财务评价的基本步骤

财务评价主要是利用有关基础数据，通过基本财务报表，计算评价指标，并进行分析和评价。财务评价的程序如图 8-2 所示。

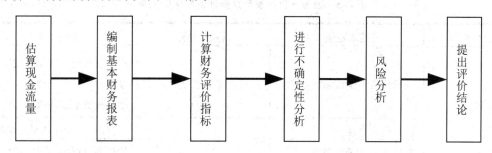

图 8-2 财务评价的一般程序

8.3.5 财务分析报表

1. 现金流量表

现金流量表反映项目在计算期内每年的现金收支，是计算各项动态和静态评价指标的数据来源。现金流量表分为以下几种。

(1) 项目投资现金流量表。对于新设项目法人项目而言，此表不分投资资金来源，以全部投资作为计算基础，用于计算项目投入全部资金的财务内部收益率、财务净现值及项目静态和动态投资回收期等评价指标，考察项目全部投资的盈利能力，为各个投资方案(不论其资金来源及利息多少)进行比较建立共同基础。

(2) 项目资本金现金流量表。此表用于计算项目资本金财务内部收益率。

(3) 投资各方现金流量表。此表用于计算投资各方财务内部收益率。

2. 利润与利润分配表

利润与利润分配表反映项目计算期内各年的营业收入、总成本费用、利润总额等情况，以及所得税后利润的分配，用以计算总投资收益率、项目资本金净利润率等指标。

3. 财务计划现金流量表

财务计划现金流量表反映项目计算期内各年的投资、融资及经营活动的资金流入和流出，用于计算累计盈余资金，分析项目的财务生存能力。

4．资产负债表

资产负债表综合反映项目计算期内各年年末资产、负债和所有者权益的增减变化及对应关系，用于计算资产负债率。

5．借款还本付息计划表

借款还本付息计划表反映项目计算期内各年借款本金偿还和利息支付情况，用于计算偿债备付率和利息备付率等指标。

财务分析报表与评价指标之间的关系如表 8-3 所示。

表 8-3　财务分析报表与财务评价指标的关系

评价内容	基本报表	静态指标	动态指标
盈利能力 分析	项目投资现金流量表	项目投资静态回收期	项目投资财务内部收益率 项目投资财务净现值 项目投资动态回收期
	项目资本金现金流量表		项目资本金财务内部收益率
	投资各方现金流量表		投资各方财务内部收益率
	利润与利润分配表	总投资收益率 项目资本金净利润率	
清偿能力 分析	资产负债表 建设期利息估算及还本付息计划表	资产负债率 偿债备付率 利息备付率	
财务生存能力	财务计划现金流量表	累计盈余资金	

在财务评价过程中，工程经济分析人员可以根据项目的具体情况和委托方的要求对评价指标进行取舍。

8.4　国民经济评价

国民经济评价是在合理配置社会资源的前提下，从国家整体角度考察项目的效益与费用，分析和计算项目给国民经济带来的净效益，从而评价投资项目在宏观经济上的合理性，为投资决策提供宏观上的决策依据。

8.4.1　国民经济效益与费用识别

由于国民经济评价是从国家整体利益出发，评价项目的经济合理性，因此不仅要识别项目本身的内部效果，而且需要识别项目对国民经济其他部门和单位产生的外部效果。项目的国民经济效益是指项目对国民经济所做的贡献，分为直接效益和间接效益。项目的国民经济费用是指国民经济为项目付出的代价，分为直接费用和间接费用。

1．直接效益与直接费用

直接效益是指由项目产生物直接生成，并且在项目范围内计算的经济效益。它一般有以下三种表现形式。

(1) 增加项目的产生物或者服务的数量以满足国内需求的效益。

(2) 替代效益较低的相同或类似企业的产出物或者服务，使被替代企业减产(停产)从而减少国家有用资源耗费或损失的效益。

(3) 增加出口或者减少进口来增加或者节支的外汇等。

直接费用是指项目使用投入物所形成的，并在项目范围内计算的费用。它一般有以下三种表现形式。

(1) 其他部门为本项目提供投入物，需要扩大生产规模所耗用的资源费用。

(2) 减少对其他项目或者最终消费投入物的供应而放弃的效益。

(3) 增加进口或者减少出口从而耗用或者减少的外汇等。

2．间接效益与间接费用

间接效益与间接费用(统称为外部效果)，是指项目对国民经济做出的贡献与国民经济为项目付出的代价中，在直接效益与直接费用中未得到反映的那部分效益与费用。例如，建设一个水电站，除发电、防洪、灌溉及供水等直接效果外，还必然带来养殖业和水上运动的发展以及旅游业的增长等间接效益。此外，农牧业还会因土地淹没而遭受一定的损失(间接费用)。

3．转移支付

项目的某些财务收益和支出，从国民经济角度来看，并没有造成资源的实际增加或减少，而是国民经济内部的"转移支付"，这些"转移"支付不计作项目的国民经济效益与费用。转移支付的主要内容如下。

(1) 国家和地方政府的税收。

(2) 国内银行借款利息。

(3) 国家和地方政府给予项目的补贴。

若以项目的财务评价为基础来进行国民经济评价，应该从财务效益与费用中剔除在国民经济评价中计作转移支付的部分。

8.4.2　国民经济评价与财务评价的关系

国民经济评价与财务评价是经济评价的两个层次。多数项目应先进行财务评价，在此基础上对效益、费用、价格等进行调整后，再进行国民经济评价。有些项目可先进行国民经济评价，然后进行财务评价。这两个层次的评价各有其任务和作用，一般来说，应以国民经济评价的结论作为项目取舍的主要依据。

1. 国民经济评价与财务评价的共同之处

(1) 评价方法相同。它们都是经济效果评价，都使用基本的经济评价方法和理论，力求以最小的投入获取最大的产出，都要考虑资金的时间价值，采用财务内部收益率、财务净现值等经济营利性指标进行经济效果分析。

(2) 评价的基础工作相同。两种分析都要在完成产品需求预测、工艺技术选择、投资估算、资金筹措方案选择等可行性研究内容的基础上进行。

(3) 评价的计算期相同。

2. 国民经济评价与财务评价的区别

(1) 评价的角度不同。财务评价是站在项目的层次上，从项目经营者、投资者、未来债权人的角度出发，分析项目在财务上能够生存的可能性，分析各方的实际收益或损失，分析投资或借款的风险及收益；国民经济评价则是站在国民经济的层次上，从全社会的角度分析项目的国民经济费用和效益。

(2) 费用和效益的含义和划分范围不同。财务评价只根据项目直接发生的财务收支计算项目的费用和效益；国民经济评价则从全社会的角度考察项目的费用和效益，这时项目的有些收入和支出，从全社会的角度考虑，不能作为社会费用或收益。

(3) 财务评价与国民经济评价所使用的价格体系不同。财务评价使用实际的市场预测价格；国民经济评价则使用一套专用的影子价格体系。

(4) 两种评价使用的参数不同。如衡量营利性财务指标内部收益率的依据，财务评价中用财务基准收益率，国民经济评价中则用社会折现率；财务基准收益率依行业的不同而不同，而社会折现率在全国各行业、各地区都是一致的。

(5) 评价内容不同。财务评价主要有两个方面，一个是盈利能力分析，另一个是清偿能力分析；国民经济评价则只作盈利能力分析，不作清偿能力分析。

8.4.3 国民经济评价参数

国民经济评价参数是进行国民经济评价的基本依据，对选择优化方案具有重要作用。国民经济评价的参数主要包括社会折现率、影子汇率、影子工资和影子价格等，这些参数由专门机构组织测算和发布。

1. 社会折现率

社会折现率是用以衡量资金时间价值的重要参数，代表社会资金被占用应获得的最低收益率，并用作不同年份价值换算的折现率。

社会折现率是国民经济评价中财务内部收益率的基准值。适当的折现率有利于合理分配建设资金，指导资金投向对国民经济贡献大的项目，调节资金供需关系，促进资金在短期和长期建设项目之间的合理调配。

2. 影子汇率

汇率是指两个国家不同货币之间的比价或交换比率。

影子汇率是反映外汇真实价值的汇率。影子汇率主要依据一个国家或地区一段时期内进出口的结构和水平、外汇的机会成本及发展趋势、外汇供需状况等因素确定。一旦上述因素发生较大变化时，影子汇率值需作相应的调整。

在国民经济评价中，影子汇率通过影子汇率换算系数计算。影子汇率换算系数是影子汇率与国家外汇牌价的比值。工程项目投入物和产出物涉及进出口的，应采用影子汇率换算系数计算影子汇率。

3. 影子工资

影子工资是指项目使用劳动力时，社会为此付出的代价。影子工资由劳动力的机会成本和新增资源耗费两部分构成。劳动力的机会成本是指该劳动力不被拟建项目招用，而从事其他生产经营活动所创造的最大效益。新增资源耗费是指社会为劳动力就业而付出的，但职工又未得到的其他代价，如为劳动力就业而支付的搬迁费、培训费、城市交通费等。

影子工资一般通过影子工资换算系数计算得到。影子工资换算系数是影子工资与项目财务评价中劳动力工资和福利费的比值。

4. 影子价格

财务评价采用的是市场预测价格，如果在较完善的市场机制下，这样的价格能够真实反映各种资源的经济价值。然而，由于市场缺陷的存在，市场价格往往不能真实反映项目的实际效益，不能作为资源配置的正确信号和计量依据。因此，项目的国民经济评价应采用计算国民经济时的专用价格——影子价格。影子价格是指依据一定原则确定的，能够反映投入物和产出物真实经济价值，反映市场供求状况，反映资源稀缺程度，使资源得到合理配置的价格。

8.4.4 国民经济评价指标

国民经济评价以盈利能力为主，评价指标包括经济内部收益率和经济净现值。

1. 经济内部收益率

经济内部收益率(EIRR)是反映项目对国民经济净贡献的相对指标。它是项目在计算期内各年经济净效益流量的现值累计等于零时的折现率，其表达式为

$$\sum_{t=0}^{n}(B-C)_t(1+\text{EIRR})^{-t}=0 \tag{8-9}$$

式中：B——国民经济效益流量；

$\quad\quad C$——国民经济费用流量；

$\quad\quad (B-C)_t$——第 t 年的国民经济净效益流量；

$\quad\quad n$——计算期。

判别标准：经济内部收益率等于或大于社会折现率，表明项目对国民经济的净贡献达到或超过了要求的水平，这时我们应认为项目是可以接受的。

2. 经济净现值(ENPV)

经济净现值是反映项目对国民经济净贡献的绝对指标。它是指用社会折现率将项目计算期内各年的净收益流量折算到建设期初的现值之和,其表达式为

$$\text{ENPV} = \sum_{t=0}^{n}(B-C)_t(1+i_s)^{-t} \tag{8-10}$$

式中:i_s——社会折现率。

判别标准:经济净现值等于或大于零表示国家拟建项目付出代价后,可以得到符合社会折现率的社会盈余,或除了得到符合社会折现率的社会盈余外,还可以得到以现值计算的超额社会盈余,这时就认为项目是可以接受的。

按分析效益、费用的口径不同,经济内部收益率和经济净现值可分为整个项目的经济内部收益率和经济净现值、国内投资经济内部收益率和经济净现值。如果项目没有国外投资和国外借款,全投资指标与国内投资指标相同;如果项目有国外资金流入与流出,应该以国内投资的经济内部收益率和经济净现值作为项目国民经济评价的指标。

8.4.5　国民经济评价报表

国民经济评价的基本报表分为国民经济现金流量表(全部投资)和国民经济现金流量表(国内投资)。前者以全部投资作为计算的基础,用以计算全部投资的经济内部收益率、经济净现值、经济净现值率等指标;后者以国内投资作为计算的基础,将国外贷款利息和本金的偿还作为现金流出,用以计算国内投资的经济内部收益率、经济净现值、经济净现值率等指标。

国民经济现金流量表一般在财务现金流量表的基础上进行调整编制,其主要步骤如下。

(1) 剔除转移支付项目。把财务评价中存在而国民经济评价中属于转移支付的现金流入、流出项目剔除,使现金流量表中只剩下真正属于国民经济效益和费用的项目。

(2) 计算间接效益和间接费用。

(3) 调整价格和汇率。用影子价格、影子汇率逐项调整建设投资中的各项费用。

国民经济现金流量表(全部投资)和国民经济现金流量表(国内投资)这两种表的格式分别如表 8-4、表 8-5 所示,表中内容可根据实际情况增减。

表 8-4　国民经济现金流量表(全部投资)

序　号	年　份 项　目	建 设 期 1　2	投 产 期 3　4	达 产 期 5　6…n	合　计
	生产负荷/%				
1	效益流量				
1.1	产品销售收入				
1.2	回收固定资产余值				
1.3	回收流动资金				
1.4	项目间接效益				

续表

序　号	年　份 项　目	建 设 期 1　2	投 产 期 3　4	达 产 期 5　6…n	合　计
2	费用流量				
2.1	固定资产投资				
2.2	流动资金				
2.3	经营费用				
2.4	项目间接费用				
3	净效益流量(1-2)				

计算指标：经济内部收益率 EIRR

　　　　　　经济净现值　　　ENPV(i_s=　)

表 8-5　国民经济现金流量表(国内投资)

序　号	年　份 项　目	建 设 期 1　2	投 产 期 3　4	达 产 期 5　6…n	合　计
	生产负荷/%				
1	效益流量				
1.1	产品销售收入				
1.2	回收固定资产余值				
1.3	回收流动资金				
1.4	项目间接效益				
2	费用流量				
2.1	固定资产投资中国内资金				
2.2	流动资金中国内资金				
2.3	经营费用				
2.4	流至国外的资金				
2.4.1	国外借款本金偿还				
2.4.2	国外借款利息支付				
2.4.3	其他				
2.5	项目间接费用				
3	净效益流量(1-2)				

计算指标：经济内部收益率 EIRR

　　　　　　经济净现值　　　ENPV(i_0=　)

思考与练习

1. 可行性研究的编制依据有哪些？

2. 可行性研究的作用是什么？

3. 市场分析包括哪几部分?

4. 市场调查的方法有哪些?

5. 市场预测的方法有哪些?

6. 某产品 20 期的需求量如表 8-6 所示。试计算一次和二次移动平均值,取 $n=3$,并建立预测方程。

表 8-6　某产品 20 期的需求量

周 期 数	1	2	3	4	5	6	7	8	9	10
需求量/万件	50	52	47	51	49	48	51	40	48	52
周 期 数	11	12	13	14	15	16	17	18	19	20
需求量/万件	51	59	57	64	68	67	69	76	75	80

7. 根据有关部门统计数据分析,发现某轻工产品销售量与同期全国城镇竣工多层住宅面积有相关关系,有关历史数据如表 8-7 所示。试建立一元线性回归方程。

表 8-7　某产品销售量与同期全国住宅面积历史数据表

年 份	2001	2002	2003	2004	2005	2006	2007	2008	2009	2010
轻工产品销售量/万件	46.6	61.3	46.3	53.4	79.9	102.9	141.1	109.1	49.2	51.4
竣工多层住宅面积/万平方米	939.4	928.9	1012.2	1971.2	1849.4	2272.2	2285.3	963.9	537.6	706.2

8. 财务评价的内容有哪些?

9. 财务评价所需的财务分析报表有哪些?财务评价的主要指标有哪些?

10. 何谓项目财务评价与国民经济评价?二者有何区别与联系?

11. 国民经济评价参数有哪些?

12. 国民经济评价指标有哪些?

第 9 章　房地产开发项目的经济评价

【知识目标】

◆　了解房地产开发项目的费用和效益核算。

◆　了解房地产开发项目经济评价的内容。

◆　掌握房地产开发的基本概念。

◆　掌握 Excel 在工程经济学中的应用。

【技能目标】

能够对房地产开发实际案例进行经济评价。

【引言】

　　房地产开发项目经济评价，是房地产开发项目可行性研究的重要组成部分，是房地产开发项目决策科学化的重要手段，也是工程经济学应用的主要领域。本章通过房地产开发实际案例，介绍房地产开发项目经济评价的过程和内容。

对于一般的工业建设项目来说，建设完成的房屋及其他设施主要是为产品提供生产和办公的空间，厂房和办公楼等固定资产投资通过折旧等方法进入总成本费用。而对于房地产开发来讲，建设完成的物业就是房地产开发公司的产品，房地产公司通过出售和出租经营这些物业来获取主要收益。有鉴于此，无论是从会计制度，还是从经济评价方法，都需要将房地产开发与一般的工业项目建设区别对待。

房地产开发项目一般应根据社会经济发展需要和城市总体规划要求，运用微观效益分析与宏观效益分析相结合、定量分析与定性分析相结合、动态分析与静态分析相结合的方法进行经济评价。

9.1　房地产开发项目及其前期工作

9.1.1　房地产开发项目分类

对于不同类型的房地产开发项目，市场调查和预测的内容与方法、收入和费用测算的方式也有所不同，因此，应根据房地产开发项目的类别对房地产开发项目进行经济评价。

1. 按未来获取收益的方式分类

1) 出售型房地产开发项目

此类房地产开发项目以预售或开发完成后出售的方式得到收入，回收开发资金，获取开发收益，以达到营利的目的。

2) 出租型房地产开发项目

此类房地产开发项目以预租或开发完成后出租的方式得到收入，回收开发资金，获取开发收益，以达到营利的目的。

3) 混合型房地产开发项目

此类房地产开发项目以预售、预租或开发完成后出售、出租、自营的各种组合方式得到收入，回收开发资金，获取开发收益，以达到营利的目的。

2. 按用途分类

1) 居住用途的房地产项目

居住用途的房地产项目，一般是指供人们生活居住使用的商品住宅项目，包括普通住宅、公寓、别墅等。这类物业的购买者大都是以满足自用为目的，也有少量作为投资，出租给租客使用。由于人人都希望有自己的住房，而且在这方面的需求随着人们生活水平的提高和支付能力的增强不断向更高的层次发展，所以居住物业的市场最具潜力，投资风险也相对较小。此外，居住物业的交易以居民个人的购买行为为主，交易规模较小，但由于有太多的原因促使人们更换自己的住宅，所以该类物业的交易量巨大。

2) 商业用途的房地产项目

商业用途的房地产项目，有时也称经营性物业或投资性物业，包括酒店、写字楼、商场、出租商住楼等。这类物业的购买者大都是以投资为目的，靠物业出租经营的收入来回收投资并赚取投资收益，也有一部分是以自用为目的。商业物业市场的繁荣除与当地的整体社会经济状况相关外，还与工商贸易、金融保险、顾问咨询、旅游等行业的发展密切相关。这类物业由于涉及的资金数量巨大，所以常以机构(单位)投资为主，物业的使用者多用其提供的空间进行经营活动，并用部分经营所得支付物业的租金。商业物业的位置对其经营效益往往有显著的影响。

3) 工业用途的房地产项目

工业用途的房地产项目，通常是为人类的生产活动提供空间，包括重工业厂房、轻工业厂房和近年来逐渐发展起来的高新技术产业用房、研究与发展用房等。工业物业既有出售的市场，也有出租的市场。一般来说，重工业厂房由于其建筑物的设计需要符合特定的工艺流程要求和设备安装的需要，通常只适合特定的用户使用，因此不容易转手交易。高新技术产业(如电子、计算机、精密仪器制造业等)用房则有较强的适应性。轻工业厂房介于上述两者之间。目前在我国各工业开发区流行的标准厂房，多为轻工业用房，有出售和出租两种经营形式。

4) 特殊用途的房地产项目

特殊用途的房地产项目是指赛马场、高尔夫球场、汽车加油站、飞机场、车站、码头等项目，我们通常称之为特殊物业。特殊物业经营的内容通常要得到政府的特殊许可。特殊物业的市场交易很少，因此对这类物业的投资多属长期投资，投资者靠日常经营活动的收益来回收投资，赚取投资收益。

5) 土地开发项目

依土地所处的状态不同，城市土地又可分为具备开发建设条件、立即可以开始建设的熟地和必须经过土地的再开发过程才能用于建设的毛地。土地开发项目，一般是指在生地或毛地上进行三通一平，将其开发成熟地，进行转让的房地产开发项目。随着中国土地管理制度的健全，土地一级开发、有计划出让逐渐成为政府管理土地资源的重要手段。所谓土地一级开发，就是指由政府或政府授权委托的企业，对一定区域范围内的城市国有土地(毛地)或乡村集体土地(生地)进行统一的征地、拆迁、安置、补偿，并进行适当的市政配套设施建设，使该区域范围内的土地达到三通一平(水、电、路通，场地平整)或五通一平(上水、下水、供电、通信、道路通，场地平整)或七通一平(上水、下水、供电、通信、煤气、热力、道路通，场地平整)的建设条件(熟地)，再对熟地进行有偿出让或转让的过程。

9.1.2　房地产市场调查与预测

地域性是房地产开发项目与一般工业项目的重要差别之一。一般来讲，要根据房地产项目的用途、未来获取收益的方式及所在地区的具体情况，就地域性的投资环境、房地产的供求状况、价格、租金和经营收入以及开发和经营成本、费用、税金及其支付的标准和时间等进行深入调查和认真预测。

1．市场调查与预测的内容

房地产市场调查与预测包括房地产投资环境的调查与预测和房地产市场状况的调查与预测。

1) 投资环境的调查与预测

房地产投资环境的调查与预测应该在国家、区域、城市、邻里层次上进行，主要内容包括政治、法律、经济、文化教育、自然条件、城市规划、基础设施等方面，对已经发生的或将要发生的重大事件或政策对房地产开发项目的影响，要做出充分的了解和估计。

2) 市场状况的调查与预测

房地产市场状况的调查与预测应在房地产投资环境调查与预测的基础上进行，主要内容如下。

(1) 供求状况。包括地段、用途、规模、档次、价位、平面布置等房地产供求状况，如供给量、有效需求量、空置量和空置率等。

(2) 商品房的价格、租金和经营收入。

(3) 房地产开发和经营的成本、费用、税金的种类及其支付的标准和时间等。

2．房地产市场调查和预测方法

根据调查对象和内容的不同，房地产市场调查通常采用的方法包括普查法、抽样调查法、直接调查法和间接调查法。房地产市场预测一般分为定性预测和定量预测，预测的具体方法因预测的对象、内容、期限不同而有所不同。通常采用的方法有专家判断法(包括德尔菲法和专家小组法等)、历史引申法(包括简单平均数法、移动平均数法、加权移动平均数法、趋势预测法、指数平滑法和季节指数法等)、因果预测法(包括回归分析法和相关分析法等)。

9.1.3　房地产开发项目策划

房地产开发项目的一个重要特点是，在法律上允许、技术上可行的前提下，通过系统的项目策划，可以形成和优选出比较具体的项目开发经营方案，获得尽可能高的经济回报。

1．区位分析与选择

房地产开发项目的区位分析与选择，包括地域分析与选择和具体地点的分析与选择。地域分析与选择是战略性选择，是对项目宏观区位条件的分析与选择，主要考虑项目所在地区的政治、法律、经济、文化教育、自然条件等因素。具体地点的分析与选择，是对房地产项目坐落地点和周围环境、基础设施条件的分析与选择，主要考虑项目所在地点的交通、城市规划、土地取得代价、拆迁安置难度、基础设施完备程度以及地质、水文、噪声、空气污染等因素。

2．开发内容和规模的分析与选择

房地产项目开发内容和规模的分析与选择，应在符合城市规划的前提下按照最高最佳使用原则，选择最佳的用途和最合适的开发规模，包括建筑总面积、建设和装修档次、平面布置等。此外，还可以考虑仅将生地或毛地开发为可进行房屋建设的熟地后租售的情况。

3. 开发时机的分析与选择

房地产项目开发时机的分析与选择，应考虑开发完成后的市场前景，再倒推出应获取开发场地和开始建设的时机，并充分估计办理前期手续和征地拆迁的难度等因素对开发进度的影响。大型房地产开发项目可考虑分批开发(滚动开发)。

4. 开发合作方式的分析与选择

房地产项目开发合作方式的分析与选择，主要应考虑开发商自身在土地、资金、开发经营专长、经验和社会关系等方面的实力或优势程度，并从分散风险的角度出发，对独资、合资、合作(包括合建)、委托开发等开发合作方式进行选择。

5. 融资方式与资金结构的分析与选择

房地产项目融资方式与资金结构的分析与选择，主要是结合项目开发合作方式设计资金结构，确定合作各方在项目资本金中所占的份额，并通过分析可能的资金来源和经营方式，对项目所需的短期和长期资金的筹措做出合理的安排。

6. 产品经营方式的分析与选择

房地产产品经营方式的分析与选择，主要是考虑近期利益和长远利益的兼顾、资金压力、自身的经营能力以及市场的接受程度等，对出售(包括预售)、出租(包括预租、短租或长租)、自营等经营方式进行选择。

9.1.4　房地产开发项目经济评价的内容

房地产开发项目经济评价分为财务评价和综合评价。对于一般的开发项目只需进行财务评价；对于重大的、对区域社会经济发展有较大影响的房地产项目，如经济开发区项目、成片开发项目，在做出决策前应进行综合评价。

1. 财务评价

财务评价是根据现行财税制度和价格体系，计算项目的财务收入和财务支出，分析项目的财务盈利能力、清偿能力以及资金平衡状况，判断项目的财务可行性。

房地产开发项目财务评价是在房地产市场调查与预测，项目策划，投资、成本与费用估算，收入估算与资金筹措等基本资料和数据的基础上，通过编制基本财务报表，计算财务评价指标，对房地产项目的财务盈利能力、清偿能力和资金平衡情况进行分析。

房地产开发项目财务评价报表包括基本报表和辅助报表。一些基础性数据(如成本、收入等)都存储于辅助报表中，这些辅助报表通过某种对应关系生成基本报表。通过基本报表就可以对项目进行财务盈利能力分析、财务清偿能力分析及资金平衡分析。

1) 基本报表

基本报表包括全部投资财务现金流量表、资本金财务现金流量表、投资者各方现金流量表、资金来源与运用表、损益表和资产负债表(其格式可参见本章的案例分析部分)。基本财务报表按照独立法人房地产项目(项目公司)的要求进行科目设置;非独立法人房地产项目基本财务报表的科目设置,可参照独立法人项目进行,但应注意费用与效益在项目上的合理分摊。

2) 辅助报表

辅助报表包括项目总投资估算表、开发建设投资估算表、经营成本估算表、土地费用估算表、前期工程费估算表、基础设施建设费估算表、建筑安装工程费估算表、公共配套设施建设费估算表、开发期税费估算表、其他费用估算表、销售收入与经营税金及附加估算表、出租收入与经营税金及附加估算表、自营收入与经营税金及附加估算表和投资计划与资金筹措表(其格式可参见本章的案例分析部分)。

2. 综合评价

综合评价是从区域社会经济发展的角度,分析和计算房地产开发项目对区域社会经济的效益和费用,考察项目对社会经济的净贡献,判断项目的社会经济合理性。

9.2 房地产开发项目效益和费用的识别

9.2.1 投资与成本

房地产开发项目的财务效益主要表现为生产经营过程中的销售(出租)收入;财务支出(费用)主要表现为开发建设项目总投资、经营成本和税金等各项支出。财务效益和费用的范围应遵循计算口径对应一致的原则。

房地产生产经营活动中的投资与成本与一般工业生产活动中的投资与成本有较大差异。对于开发-销售模式下的房地产开发项目而言,开发商所投入的开发建设资金均属于流动资金的性质,但其投资的大部分又形成建筑物或构筑物等房地产商品,并通过项目建设过程中的预租售或建成后的租售活动,转让这些资产的所有权或使用权以收回投资。开发过程中开发商本身所形成的固定资产大多数情况下很少甚至是零,所以绝大部分投资均一次性地转移到房地产产品的成本中去了。房地产开发建设完成后出租楼宇或自行经营,则与一般的工业生产项目投资和成本的概念相同。

1. 开发项目总投资

开发项目总投资包括工程建设投资和经营资金。工程建设投资包括固定资产投资和开发产品成本两部分,具体包括土地费用、前期工程费、基础设施建设费、建筑安装工程费、公共配套设施建设费、开发间接费用、管理费用、销售费用、其他费用、税费、基本预备费、涨价预备费、建设期利息。其中,开发产品成本和经营资金统称为开发经营资金。

2．开发产品成本费用

(1) 产品开发成本。开发项目的产品开发成本是指房地产开发企业在开发过程中所发生的各项费用。按其用途可分为土地开发成本、房屋开发成本、配套设施开发成本。而在核算上又将其费用划分为六个成本项目，即土地费用、前期工程费、基础设施建设费、建筑安装工程费、公共配套设施建设费和开发间接费。

(2) 经营成本。当开发企业对外转让、销售、结算和出租开发产品时，应将产品的开发成本结转为相应的经营成本，即土地转让成本、商品房销售成本、配套设施销售成本、出租房经营成本和出租土地经营成本。

(3) 期间费用。开发项目的期间费用是指企业行政管理部门为组织和管理开发经营活动而发生的管理费用、财务费用，以及为销售、出租、转让开发产品而发生的销售费用。

9.2.2　经营收入、利润和税金

1．经营收入

经营收入是指向社会出售、出租房地产商品或自营时的货币收入，包括销售收入、出租收入和自营收入，计算公式分别为

销售收入=销售房屋面积×房屋销售单价

出租收入=出租房屋建筑面积×房屋租金单价

自营收入=营业额−营业成本−自营中的商业经营风险回报

经营收入是按市场价格计算的，房地产开发投资企业的产品(房屋)只有在市场上被出售、出租或自我经营，才能成为给企业或社会带来收益和有用的劳动成果。因此，经营收入比企业完成的开发工作量(产值)更能反映房地产开发投资项目的真实经济效果。

2．利润

利润是企业经济目标的集中表现，企业进行房地产开发投资的最终目的是获取开发或投资利润。房地产开发投资者不论采用何种直接的房地产投资模式，其销售收入扣除经营成本、期间费用和销售税金后的盈余部分，称为投资者的经营利润(或称盈利)，这是劳动者新创造价值的一部分，要在全社会范围内进行再分配。经营利润中的一部分由国家以税收的方式无偿征收，作为国家或地方的财政收入；另一部分留给投资者，作为其可分配利润、企业发展基金、职工福利基金、职工奖励基金、后备基金等。根据财务核算与分析的需要，企业利润可分为经营利润、利润总额(又称实现利润)、税后利润和可分配利润等四个层次，计算公式分别为

经营利润=销售(含出租、自营)收入−经营成本−期间费用−销售税金

利润总额=经营利润+营业外收支净额

税后利润=利润总额−所得税

可分配(应付)利润=税后利润−(盈余公积+未分配利润)

3. 税金

目前我国房地产开发投资企业纳税的主要税种如下。

(1) 销售税金。销售税金包括营业税、城市建设维护税和教育费附加，又称"两税一费"。营业税是从应纳税房地产销售或出租收入中征收的一种税。营业税税额=应纳税销售(出租)收入×税率，目前营业税的税率为 5%。城市建设维护税和教育费附加，是依托营业税征收的一种税费，分别为营业税税额的 7%和 3%。

(2) 土地使用税、房产税和土地增值税。土地使用税是房地产开发投资企业在开发经营过程中占用国有土地应缴纳的一种税；房产税是投资者拥有房地产时征收的一种财产税；土地增值税是针对房地产投资增值额征收的一种税。土地使用税、房产税和土地增值税在企业所得税前列支。

(3) 企业所得税。企业所得税是对实行独立经济核算的房地产开发投资企业，按其应纳税所得额征收的一种税。所得税税额=应纳税所得额×税率。应纳税所得额=实现利润-项目允许扣除的金额，房地产开发投资企业所得税税率一般为 33%。

9.3　房地产开发项目经济评价案例

房地产开发项目经济评价的目的是通过市场供需研究和财务经济分析，确定项目的规划功能、开发档次、开发成本和市场营销对象，并对项目的经济可行性做出评价，为委托方投资决策及开发项目融资提供依据。

9.3.1　项目概况

拟建项目为将北京市毛纺厂改造为"毛纺厂居住区"的开发项目。由北京益华集团房地产开发部负责开发建设。

1. 项目位置及占地面积

拟建"毛纺厂居住区"位于北京市朝阳区东八里庄，包括现在毛纺厂厂区和五建公司的用地。地块北临六里屯路，南至朝阳北路，西起星火路，东到规划中的石佛营东路。本项目总占地面积 53.23 公顷，其中：规划用地面积 45.63 公顷，市政代征地 7.6 公顷。本项目规划建设用地面积中，目前属北京市第五建筑工程公司使用的有 7.652 公顷，详见表 9-1。

表 9-1　项目用地面积及其分布　　　　　　　　　　　　单位：m²

用地单位	规划用地面积/m²	可开发用地面积/m²	保留建筑占地面积/m²
益华	379 800	332 037	47 763
五建	76 520	71 200	5320
合计	456 320	403 237	53 083

2．项目现状特点

项目用地内的现有建筑主要是厂房、仓库和住宅，将来都要予以拆除，但由于生产水泥制品的需要，以铁路专用线将厂区分为南北两部分，南部为第一期开发区，北部为第二期开发区，中间铁路线及其南北两侧为第三期开发区。

规划范围内有三组拟保留建筑：厂区南侧靠近朝阳北路的住宅楼为毛纺厂新建的宿舍区；规划范围内西北角是一组旧住宅楼，分属毛纺厂和五建公司，目前保留，待将来有条件时再改造；厂区中央靠星火路一侧正在兴建一栋 12 层综合楼。另外，现状厂区内的锅炉房也将予以保留，用于未来小区供热。保留建筑占地面积和建筑面积情况见表 9-2。

表 9-2　项目用地范围内保留建筑占地面积和建筑面积

单位：m²

名　称	益　华		五　建	
	占地面积/m²	建筑面积/m²	占地面积/m²	建筑面积/m²
住宅	43 488	100 000	5320	30 000
地区公建	4275	22 092	0	0
合计	47 763	122 092	5320	30 000

项目规划范围以北是石佛营住宅小区，西侧是东八里庄住宅小区，南侧也已建成居住区，东侧隔铁路专用线为仓储区。铁路专用线以西，本项目周围已形成规模居住区，将厂区改造为住宅区符合规划要求。

3．项目拟建规模

按照初步规划方案，毛纺厂居住区由保留建筑和新建建筑两部分组成，其中新建建筑包括高层和多层住宅、非配套公建和配套公建(详见表 9-3)。建设用地面积为 456 300m²，总建筑面积为 912 600m²，总容积率为 2.00。

表 9-3　项目拟建规模和建筑面积分配

类　型		建筑面积/m²	建筑面积所占比例/%
保留建筑		152 092	
新建建筑	高层住宅	437 908	57.6
	多层住宅	137 600	18.1
	地区商服	85 000	11.2
	配套公建	100 000	13.1
	小计	760 508	100.0
合计		912 600	

4．项目服务对象

居住区将规划建设一处地区级公建中心和一所医院，为附近地区和小区内居民提供服务，其余建筑为多层、高层住宅和配套公建。其中，部分新建住宅为益华集团其他开发项目提供拆迁安置房，部分住宅为公开销售商品房，所占比例分别为 30%和 70%。

5. 市政工程和基础设施

据测算，毛纺厂居住区建成后，对热力、电力、煤气和电信的需求预测如下。

(1) 供热。小区内将自建锅炉房，负责整个小区的供热。

(2) 供电。根据《北京毛纺厂住宅区供电可行性咨询报告》，毛纺厂住宅区的能源供应方式采用锅炉房(或热力网)供热，煤气或天然气炊事，集中与分散空调相结合方案，新建住宅和新建公建用电定额分别按 $25W/m^2$ 和 $50W/m^2$ 计算，则该小区用电总计约 20 000kW。同时使用系数为 0.8，则最大负荷约 16 000kW，需安装 24 000kVA 变压器。

根据测算，新建小区内开闭站和由变电站引至住宅区的电缆分别需 400 万元和 480 万元，需交纳的供电贴费为 2880 万元，以上三项共计 3760 万元。另外，居住区还应承担地方电力建设基金 4000 万元，此项费用可分期交纳。

(3) 煤气。据北京市煤气公司测算，按小区内住宅 7736 户、其他建筑 158 600m^2 计，日用煤气量为 21 000m^3，高峰小时用气量为 3500 m^3。

(4) 电信。据北京市电信管理局测算，按居住人口 2 万多、住户 7736 户计，毛纺厂居住区至少需电话 9000 部(包括公建)，初期至少需安装程控交换机 1 万门。

9.3.2　市场研究

(1) 北京市当前房地产市场概况(略)。

(2) 北京市普通住宅市场分析(略)。

(3) 市场供求关系分析(略)。

经过对北京市的投资环境和市场供求关系进行分析，提出如下建议。

本项目所处位置紧邻北京市房地产投资的热点地区之一——东四环路，建议市场定位如下。

(1) 功能分配。小区内以普通住宅为主，配以适当的写字楼、商业及公建用房。普通住宅占 70%，其中多层与高层并重，为提高项目的建筑面积，适当增加高层的比例。

(2) 销售对象。普通住宅销售对象以企事业单位、集团购买和益华集团内部其他项目的拆迁用房为主，外地驻京机构为辅，兼顾散户。

(3) 户型与功能。考虑到销售对象，普通住宅户型以三室一厅、三室二厅、二室二厅为主，约占 70%；四室二厅为辅，占 10%，其余为二室或一室。面积为 60~120 m^2。在节约成本的前提下，应尽量使功能达到中档水平，如设计冰箱、洗衣机、空调的预留位置。

(4) 北京市写字楼市场分析(略)。

(5) 北京市商业用房市场分析(略)。

9.3.3　项目规划建设方案和建设条件

1．项目用地功能布局

小区内现状住宅主要分布在厂区西北角和南端。规划住宅主要集中在小区中央，部分布置于靠近铁路的东北角。在高度控制方面，本着中间高、两边低的原则，越靠近铁路高度越低，以减少铁路噪声对居民的干扰。

毛纺厂周围居住区建成较早，配套设施不完善，缺乏集中的、有规模的地区级公建中心，因此规划在区域内两条主干道(朝阳北路和星火路)交汇处的东北部，即现在毛纺厂的西南角建设一处地区级的公建中心。由于周围地区缺少正规公立医院，所以在园星路以北，靠星火路一侧规划一家医院。

星火路是经过居住区的一条主要生活性道路，规划公建区多沿星火路布置。在现状综合楼以南安排一处农贸市场，以解决星火路沿线的马路市场问题。在朝阳北路与园星路之间的星火路东侧形成一个完整的商业区。为满足服务半径要求，方便小区东北部居民，在六里屯路南，规划一处小规模商服用地。

居住区东部目前是仓储区，有一组电气化铁路从居住区边经过。规划中将锅炉房、公交首末站和其他市政场站布置在铁路沿线，另外将中小学用地也靠近铁路布置，但要采取降低噪声影响的物理措施。

规划在石佛营东路西侧布置一条 20~30 m 宽的绿化隔离带，以减少铁路噪声的干扰。其余绿地集中在现在综合楼以东一块占地 0.88 hm² 的用地内。另外，居住区还将配备 30 个班的中学一所，24 个班的小学两所，9 个班的幼儿园两所，4 个班、6 个班的托儿所各一所。

2．项目规划控制指标

综合考虑该项目所处的区位及有关规划要求，对该小区容量、用地性质和开发强度提出的控制指标如下。

1) 用地情况

总占地面积：	532 320 m²
其中，代征地面积：	76 000 m²
规划建设用地面积：	456 320 m²
其中，地区公建用地：	52 900 m²
住宅用地：	163 400 m²
配套公建用地：	124 000 m²
道路用地：	56 000 m²
绿化用地：	60 000 m²

2) 用地性质

住宅及配套、非配套公建。

3) 用地强度

总容积率：　　　　　　　　2.00

　　其中，保留建筑：　　　　2.865

　　　　新建住宅：　　　　　2.06

　　　　配套公建：　　　　　0.806

　　　　地区商服：　　　　　3.83

4) 建筑设计指标

总建筑面积：　　　　　　　912 600m^2

　　其中，保留建筑面积：　　152 092m^2

　　　　新建住宅建筑面积：　575 508m^2

　　　　地区公建建筑面积：　85 000m^2

　　　　配套公建建筑面积：　100 000m^2

建筑高度：　　　　　　　　≤60m

　　其中，多层住宅：　　　　≤18m

　　　　高层住宅：　　　　　45～60m

　　　　地区商服：　　　　　≤60m

　　　　配套公建：　　　　　≤24m

　　　　中、小学：　　　　　≤12m

建筑层数：　　　　　　　　板式6～12层，塔式18层

3. 市政建设条件

1) 道路交通系统

在毛纺厂居住区四周道路中，星火路已修好，六里屯路和朝阳北路都定过线，只有石佛营东路有待定线。规划中将东八里庄小区北侧的园星路东延，横穿居住区与石佛营东路相交，此路段将居住区分成南北两个小区，亦有待定线。

为加强小区间的联系，居住区内部规划了半环加十字形的道路系统，即由星火路向东，再向南，穿过园星路，再向西回到星火路的半环路和贯穿南北东西的十字形路。

2) 市政设施现状

北京毛纺厂原有较完善的市政设施。为解决北京市热力公司在东郊地区建设供热厂的用电需要，北京市供电局提出结合供热厂投产，建设一座110 kV的变电站(星火变电站)。站址拟选在京包铁路西侧，姚家园路北侧，建成后将由该变电站向毛纺厂住宅区供电。随着周围地区的开发建设，该地段的市政设施、地下管线将得到进一步改善，为本项目建成后的使用提供理想的市政条件。

(1) 上水：毛纺厂原有上水条件满足供应。

(2) 雨水：沿区内管线通入市政干线。

(3) 合流污水：沿区内管线送入市政干线。

(4) 煤气：用地西侧的星火路、南侧的朝阳北路有新建的D300中压煤气管线；在用地西侧偏南有现状煤气中低压调压站一座；小区内南北端有部分现状住宅楼已使用人工煤气。居住区需建设煤气中低压调压站两座，每座建筑面积 70 m² 左右。

(5) 供热：基地内可满足供应。规划在原锅炉房的位置，绿化隔离带以西，设一处占地 2.02 hm² 的锅炉房，负责整个小区的供热。

(6) 供电：毛纺厂现状用电由国棉 110 kV 变电站以 10 kV 架空线(石佛营路)供电，由于该变电站已满载，毛纺厂居住区拟由规划建设的星火 110 kV 变电站供电。毛纺厂用电负荷较大，应安排一座占地 500 m² 的 10 kV 开闭站，由此分别引出双路 10 kV 电缆向住宅和公建供电。

(7) 电信：现在毛纺厂有远离此地的呼家楼电话局提供服务，该局容量已满，无力为新建住宅区提供通信服务。按电信发展总体规划方案要求，石佛营地区应由开发单位无偿提供土地，新建一个 4 万门电话局所，占地面积 5000 m²，建筑面积 6000 m²，初装容量 1 万门。

9.3.4　建设方式及进度安排

1．建设方式

本项目的设计应采用总承包制，小区集中规划，统一设计。施工采用监理制，采用公开招标的形式选择工程承包商，以使项目的工期、成本、质量得以确保。工程应达到优良工程水准。

2．建设进度安排

由于该项目规模较大，因此应考虑采用滚动开发、分期建设的方式，这样既可以使项目迅速启动，又可以按照市场需求变化情况适时调整开发方案，降低投资风险。

从项目本身的规模和所处的市场条件来看，本项目的开发建设分三期为宜，预计用 6 年时间可全部建成投入使用。各期开发的土地面积和建筑面积如表 9-4 所示。

表 9-4　项目建设的分期安排　　　　　　　　　　　　　　　　单位：m²

分　期	第一期(南)	第二期(北)	第三期(中)	三期合计
总占地面积	183 000	179 320	170 000	532 320
代征地面积	26 000	25 000	25 000	76 000
规划建设用地面积	157 000	154 320	145 000	456 320
保留建筑占地面积	23 498	4275	25 310	53 083
拆迁土地面积	159 502	175 045	144 690	479 237
可开发占地面积	133 502	150 045	119 690	403 237
可开发建筑面积	229 000	262 000	269 508	760 508

注：第二期可开发土地面积中，有 71 200m² 占地为当前五建用地，相应分摊的代征地面积为 11 860m²。

工程建设进度直接影响着项目的经济效益。严密的工程进度安排和高质量的施工组织设计是保证项目实施的关键，为了确保资金滚动使用，于 1997 年 1 月初开始一期工程拆迁及整个项目规划设计和前期准备工作，1997 年 3 月底进行规划设计方案比选，1997 年 10 月初开始第一期基础工程，1998 年 4 月起就可进行市场推广和销售。第二期工程于 1999 年 4 月初开始启动，第三期工程从 2001 年 4 月启动。整个住宅小区的开发建设于 2003 年 3 月完成，2003 年 9 月底销售完毕。

9.3.5　投资估算与资金筹措

1．项目总投资估算

1) 项目投资概况

据估算，本项目包括土地费用、前期工程费、房屋开发费、管理费、财物费用、开发期税费等总投资为 293 745.36 万元人民币，可销售面积的单方造价为 3877.5 元/m^2。更详细的投资规划可能随设计的深入而调整。

2) 估算依据

(1) 业主提供的"毛纺厂居住区控制性详细规划说明"。

(2) 北京市煤气公司"北京市毛纺厂居住区煤气供应咨询意见"。

(3) 北京市电信管理局"北京市毛纺厂居住区电信配套建设方案"。

(4) 整个项目按中、低档建造水平计算。

(5) 估算中的有关税金和费用按北京市的现行规定和同类项目的平均水平测算。

(6) 假定该项目在 5 年内分 3 期全部建设完成。

(7) 假定该项目在第一年开始预售，至项目建成后一年内全部销售完毕。

(8) 项目总投资中自有资金比率按 10%计算。

(9) 贷款的年利率按 12%计取。

(10) 整个项目的投资费用是在专业的投资监理工程师监督下使用。

3) 估算范围

上述估算投资按北京市目前通常的取费标准计取，但尚未包括室内二次精装修及拆迁房享受安居房减免的十项税费。

4) 估算结果

投资估算的结果汇总如表 9-5 所示。

表 9-5　北京市毛纺厂居住区开发项目的成本估算表

序　号		项目或费用名称	投资金额/万元	平方造价/(元/m^2)
一		土地费用	107 342.76	1417.0
	1	出让金	13 145.09	
	2	城市建设配套费	19 717.63	
	3	拆迁安置补偿费	72 893.70	
	4	手续费及税金	1586.35	

序　号		项目或费用名称	投资金额/万元	平方造价/(元/m²)
二		前期工程费	5099.05	67.3
	1	规划设计	3187.36	
	2	项目可行性研究	382.48	
	3	地质勘探测绘	637.47	
	4	三通一平费	891.73	
三		房屋开发费	127 494.48	1683.0
(一)		建筑安装工程费	111 837.28	1476.3
	1	商品住宅		
	A	多层	30 724.97	
	B	高层	22 434.11	
	2	拆迁房		
	A	多层	13 655.54	
	B	高层	6827.77	
	3	地区公建		
	A	商场	14 021.2	
	B	写字楼	13 460.46	
	4	可销售配套公建	5462.22	
	5	不可销售配套公建	5250.88	
(二)		附属工程费	5591.86	73.8
(三)		室外工程费	8946.98	118.1
(四)		其他费用	1118.37	14.8
四		管理费	5998.41	79.2
五		财务费用	28 792.36	380.1
六		开发期税费	10 462.59	138.1
	1	电贴费	2880.00	
	2	用电权费	4000.00	
	3	其他税费	3582.60	
七		不可预见费	8555.70	112.9
总计			293 745.36	3877.5

注：计算单方造价时，其面积的基础是可销售面积(不含不可销售配套公建的建筑面积)。

2. 投资分年度使用计划

按照项目建设进度计划安排，本项目资金投入计划详见表 9-6。

3. 资金筹措计划

本项目的投资来源包括自有资金、销售收入和贷款三部分。其中自有资金投入 26 495.30

万元人民币，销售收入投入 220 121.23 万元人民币，需向金融机构贷款 18 336.47 万元人民币，详见表9-6。

在估算中，考虑到当年投资是随工程的进度分期投入的，销售收入也是在一年中逐步实现的，故假定当年销售收入(扣除销售税费)全部用于当年投资，如有盈余，结转下年。

表 9-6　投资计划与资金筹措表　　　　　　　　　　　　　　　　单位：万元

序号	项　目	合　计	开发经营期					
			1997	1998	1999	2000	2001	2002
1	开发总投资							
1.1	土地费用	107 342.76	23 853.95	11926.97	23 853.95	11 926.97	17 890.46	17 890.46
1.2	前期工程费	5099.05	1699.68	453.25	1019.81	453.25	1019.81	453.25
1.3	房屋开发费	127 494.48	25 498.90	19 124.17	19 124.17	19 124.17	19 124.17	25 498.90
1.4	管理费	5998.43	1199.68	959.75	959.75	959.75	959.75	959.75
1.5	其他费用							
1.6	开发期税费	10 462.59	2325.02	1162.51	2325.02	1162.51	2325.02	1162.51
1.7	不可预见费	8555.70	1425.95	1425.95	1425.95	1425.95	1425.95	1425.95
小计		264 953.00	56 003.18	35 052.60	48 708.65	35 052.60	42 745.16	47 390.81
2	资金筹措							
2.1	自有资金	26 495.30	26 495.30	0.00	0.00	0.00	0.00	0.00
2.2	销售收入	220 121.23	11 171.41	35052.60	48 708.65	35 052.60	42 745.16	47 390.81
2.3	贷款	18 336.47	18 336.47	0.00	0.00	0.00	0.00	0.00
2.4	其他	0.00	0.00	0.00	0.00	0.00	0.00	0.00
小计		264 953.00	56 003.18	35 052.60	48 708.65	35 052.60	42 745.16	47 390.81

9.3.6　投资分析基础数据的预测和选定

本报告对项目经济效益进行分析过程中，所使用的基础数据和基本条件是根据北京市同类开发项目的实际状况，在分析北京市相关类型物业市场前景的基础上，结合本项目的具体情况而预测和选定的。

1. 销售收入的测算

根据市场研究的结果，并考虑本项目的具体情况,确定普通住宅售价：高层为 5000 元/m²，多层为 5200 元/m²；拆迁房售价：高层为 4500 元/m²，多层为 4800 元/m²；商业用房售价：6500 元/m²；办公用房售价：6000 元/m²；可售配套公建售价：4000 元/m²。可销售面积的平均价格为 5073.50 元/m²。

本项目的销售面积包括商品住宅、拆迁房与各类公建，总计为 757 558m²，分年度的总销售收入如表 9-7 所示。

表 9-7 北京毛纺厂居住区开发项目的销售收入汇总表　　　　　　单位：万元

序号	销售收入	期　间							总　计
		1997	1998	1999	2000	2001	2002	2003	
1	商品住宅销售收入	9495.48	28 486.44	36 926.87	33 761.71	31 651.60	43 257.19	27 431.39	211 010.68
2	拆迁楼销售收入	4645.32	13 935.97	18 065.15	18 065.15	18 065.15	19 613.59	10 839.09	103 229.42
3	地区公建销售收入	0.00	4381.66	11 392.32	3144.99	11 392.32	15 773.98	14 021.32	60 106.59
	销售收入总计	14 140.80	46 804.07	66 384.34	54 971.85	61 109.07	78 644.76	52 291.80	374 346.69

注：可销售面积平均价格 5073.50 元/m²，销售收入具体估算过程略。

2. 成本及税金

1) 投资成本测算

本项目固定资产投资总额为 26 493.0 万元人民币，融资费用为 28 792.36 万元人民币，本项目的投资成本为 293 745.36 万元人民币。

2) 销售费用测算

根据北京市同类项目和国家有关部门资料，销售费用取总销售收入的 2%。

销售费用=384 346.67×2%=7686.93(万元)

3) 税金

房地产开发项目的主要税金为经营税费和所得税。根据国家有关规定，经营税费的税率为 5.45%，按总销售额征收；所得税税率为 33%，以销售利润为基数征收。北京市现已开征土地增值税。该税按开发项目销售利润水平以累进税率征收，对 20%以内的开发利润，免征土地增值税。根据测算，本项目不需缴纳土地增值税。

3. 利润分配

开发项目的税后利润等于销售收入扣除投资成本、销售费用和有关税金。预计本项目的总税后利润为 38 685.58 万元人民币，详见表 9-8。

表 9-8 项目损益表　　　　　　单位：万元

序号	项　目	合　计	开发经营期						
			1997	1998	1999	2000	2001	2002	2003
1	项目收入	384 346.66	14 140.80	46 804.07	66 384.33	64 971.84	61 109.07	78 644.76	52 291.79
1.1	销售收入	384 346.66	14 140.80	46 804.07	66 384.33	64 971.84	61 109.07	78 644.76	52 291.79
1.1.1	商品住宅	211 010.68	9495.48	28 486.44	36 926.87	33 761.71	31 651.60	43 257.19	27 431.29
1.1.2	拆迁楼、可售配套公建	103 229.42	4645.32	13 935.97	18 065.15	18 065.15	18 065.15	19 613.59	10 839.09

续表

序号	项目	合 计	开发经营期						
			1997	1998	1999	2000	2001	2002	2003
1.1.3	地区公建	60 106.59	0.00	4381.66	11 392.32	3144.90	11 392.32	15 772.98	14 021.22
1.2	出租收入	0.00	0.00	0.00	0.00	0.00	0.00	0.00	0.00
2	经营成本	264 953.01	9748.10	32 264.83	45 762.67	44 788.95	42 126.11	54 214.51	36 047.84
2.1	销售成本	264 953.01	9748.10	32 264.83	45 762.67	44 788.95	42 126.11	54 214.51	36 047.84
3	经营税费	25 174.70	926.22	3065.67	4348.17	4255.66	4002.64	5151.23	3425.11
3.1	销售税费	25 174.70	926.22	3065.67	4348.17	4255.66	4002.64	5151.23	3425.11
3.1.1	营业税及附加	21 139.06	777.74	2574.22	3651.14	3573.45	3361.00	4325.46	2876.05
3.1.2	交易管理费及印花税	4035.64	148.48	491.44	697.04	682.20	641.65	825.77	549.06
4	销售费用	7686.93	282.82	936.08	1327.69	1299.44	1222.18	1572.88	1045.84
5	财务费用	28 792.35	1059.32	3506.21	4973.01	4867.20	4577.83	5891.47	3917.31
6	土地增值税	0.00	0.00	0.00	0.00	0.00	0.00	0.00	0.00
7	开发利润	57 739.68	2124.35	7031.29	9972.79	9760.60	9180.30	11 814.65	7855.70
8	所得额	57 739.68	2124.35	7031.29	9972.79	9760.60	9180.30	11 814.65	7855.70
9	所得税	19 054.09	701.03	2320.32	3291.02	3221.00	3029.50	3898.84	2592.38
10	税后利润	38 685.58	1423.31	4710.96	6681.77	6539.60	6150.80	7915.82	5263.32
10.1	应付利润	13 744.12	0.00	0.00	0.00	0.00	564.98	7915.82	5263.32
10.2	归还垫支利润及净投资回收	42 871.53	0.00	0.00	0.00	0.00	0.00	6823.69	36 047.84
10.3	未分配利润	24 941.46	1423.31	4710.96	6681.77	6539.60	5585.82	0.00	0.00

注: 投资回收主要用于后续投资和偿还贷款本息,税后利润部分用于后续开发投资和归还贷款本息的,在投资回收后不再用于后续投资和还本付息时归还。

9.3.7 项目经济效益评价

1. 现金流量分析

本报告从全部资金、自有资金两方面编制了现金流量表,主要评价指标如下。

1) 全部资金评价指标(见表 9-9)

财务内部收益率: 24.80%

财务净现值(i_c=18%): 10 938.09 万元人民币

静态投资回收期: 4.84 年

动态投资回收期(i_c=18%): 6.35 年

2) 自有资金评价指标(见表 9-10)

财务内部收益率: 292.33%

财务净现值(i_c=18%)： 155 464.96 万元人民币
静态投资回收期： 1.37 年
动态投资回收期(i_c=18%)： 1.44 年

表 9-9 项目全部资金的现金流量表

序号	项 目	合 计	开发经营期						
			1997	1998	1999	2000	2001	2002	2003
1	现金流入								
1.1	销售收入	384 346.66	14 140.80	46 804.07	66 384.33	64 971.84	61 109.07	78 644.76	52 291.79
小计		384 346.66	14 140.80	46 804.07	66 384.33	64 971.84	61 109.07	78 644.76	52 291.79
2	现金流出								
2.1	固定资产投资								
2.2	经营资金								
2.3	开发总投资	264 953.00	56 003.18	35 052.60	48 708.65	35 052.60	42 745.16	47 390.81	0.00
2.4	销售费用	7686.95	282.82	936.08	1327.69	1299.44	1222.18	1572.90	1045.84
2.5	经营税费	25 174.70	926.22	3065.67	4348.17	4255.66	4002.64	5151.23	3425.11
2.6	土地增值税	0.00	0.00	0.00	0.00	0.00	0.00	0.00	0.00
2.7	所得税	19 054.09	701.03	2320.32	3291.02	3221.00	3029.50	3898.84	2592.38
小计		316 868.74	57 913.25	41 374.67	57 675.53	43 828.70	50 999.48	58 013.78	7063.33
3	净现金流量		−43 772.4	5429.40	8708.81	21 143.15	10 109.58	20 630.98	45 228.46
4	累计净现金流量		−43 772.4	−38 343.0	−29 634.2	−8491.10	1618.49	22 249.47	67 477.94
现值系数			1.000000	0.847 457	0.718 184 4	0.608 630 8	0.515 788 8	0.437 109 2	0.370 431 5
5	净现值		−43 772.4	4601.19	6254.53	12 868.37	5214.41	9017.99	16 754.05
6	累计净现值		−43 772.4	−39 171.2	−32 916.7	−20 048.4	−14 833.9	−5815.96	10 938.09
计算指标		IRR=24.80%				NPV=10 938.09 万元			
		静态投资回收期=4.84 年				动态投资回收期=6.35 年			

表 9-10 项目自有资金的现金流量表

单位：万元

序号	项 目	合 计	开发经营期						
			1997	1998	1999	2000	2001	2002	2003
1	现金流入								
1.1	销售收入	384 346.66	14 140.80	46 804.07	66 384.33	64 971.84	61 109.07	78 644.76	52 291.79
小计		384 346.66	14 140.80	46 804.07	66 384.33	64 971.84	61 109.07	78 644.76	52 291.79
2	现金流出								
2.1	自有资金	26 495.30	26 495.30	0.00	0.00	0.00	0.00	0.00	0.00
2.2	经营税费	25 174.70	926.22	3065.67	4348.17	4255.66	4002.64	5151.23	3425.11
2.3	销售费用	7686.95	282.82	936.08	1327.69	1299.44	1222.18	1572.90	1045.84
2.4	土地增值税	0.00	0.00	0.00	0.00	0.00	0.00	0.00	0.00
2.5	所得税	19 054.09	701.03	2320.32	3291.02	3221.00	3029.50	3898.84	2592.38
2.6	贷款本金偿还	19 845.87	0.00	0.00	1354.29	14 056.96	4434.62	0.00	0.00

续表

序号	项 目	合 计	开发经营期						
			1997	1998	1999	2000	2001	2002	2003
2.7	贷款利息支付	7055.84	0.00	1923.19	2381.50	2218.99	532.15	0.00	0.00
	小计	105 312.74	28 405.37	8245.26	12 702.67	25 052.05	13 221.09	10 622.97	7063.33
3	净现金流量		−14 264.5	38 558.81	53 681.66	39 919.80	47 887.97	68 021.79	45 228.46
4	累计净现金流量		−14 264.51	24 294.24	77 975.90	11 7895.7	165 783.67	23 3805.5	279 033.93
	现值系数		1.0000000	0.847 457 6	0.718 184	0.608 630 8	0.515 788 8	0.437 109	0.370 431 54
5	净现值		−142 64.51	32 676.96	38 553.33	24 296.42	24 700.08	29 732.95	19 769.78
6	累计净现值		−14 264.5	18 412.39	56 965.72	81 262.14	105 962.22	13 5695.2	155 464.96
计算指标	IRR=292.33%					NPV=155 464.96 万元			
	静态投资回收期=1.37 年					动态投资回收期=1.44 年			

2. 财务平衡表与贷款偿还分析

资金来源与运用表(财务平衡表)集中体现了项目自身平衡的生存能力，是财务评价的重要依据。分析结果表明，本项目具有基本的资金平衡能力，详见表 9-11。

表 9-11 资金来源与运用表　　　　　　单位：万元

序号	项 目	合 计	开发经营期						
			1997	1998	1999	2000	2001	2002	2003
1	资金来源								
1.1	销售收入	384 346.66	14 140.80	46 804.07	66 384.33	64 971.84	61 109.07	78 644.76	52 291.79
1.2	自有资金	26 495.30	26 495.30	0.00	0.00	0.00	0.00	0.00	0.00
1.3	贷款	18 336.47	18 336.47	0.00	0.00	0.00	0.00	0.00	0.00
	小计	429 178.43	58 972.57	46 804.07	66 384.33	64 971.84	61 109.07	78 644.76	52 291.79
2	资金运用								
2.1	固定资产投资								
2.2	经营资金								
2.3	开发成本	264 953.00	56 003.18	35 052.60	48 708.65	35 052.60	42 745.16	47 390.81	0.00
2.4	经营管理费用								
2.5	销售费用	7686.95	282.82	936.08	1327.69	1299.44	1222.18	1572.90	1045.84
2.6	财务费用	28 792.35	1059.32	3506.21	4973.01	4867.20	4577.83	5891.47	3917.31
2.7	经营税费	25 174.70	926.22	3065.67	4348.17	4255.66	4002.64	5151.23	3425.11
2.8	土地增值税	0.00	0.00	0.00	0.00	0.00	0.00	0.00	0.00
2.9	所得税	19 054.09	701.03	2320.32	3291.02	3221.00	3029.50	3898.84	2592.38
2.10	应付利润	13 744.12	0.00				564.98	7915.82	5263.32
2.11	各期还本付息	21 934.93	0.00	1923.19	3735.79	16 275.95		0.00	0.00
3	归还垫支利润及净投资回收	42 871.53	0.00					6823.69	36 047.84
	小计	386 306.90	58 972.57	46 804.07	66 384.33	64 901.85	56 142.29	78 644.76	16 243.95

如表 9-12 所示，在正常情况下，项目开发建设完成时，可以从销售收入中还清全部贷款本息，并有基本的利润。

表 9-12　贷款还本付息估算表　　　　　　　　　单位：万元

序号	项　目	合　计	开发经营期						
			1997	1998	1999	2000	2001	2002	2003
1	贷款及还本付息								
1.1	期初贷款本息累计		0.00	19 436.66	19 845.87	18 491.58	4434.62	0.00	0.00
1.1.1	本金		0.00	18 336.47	18 336.47	16 982.18	2925.23	0.00	0.00
1.1.2	利息		0.00	1100.19	1509.40	1509.40	1509.40	1509.40	1509.40
1.2	本期贷款	18 336.47	18 336.47	0.00	0.00	0.00	0.00	0.00	0.00
1.3	本期应计利息	8565.23	1100.19	2332.40	2381.50	2218.99	532.15	0.00	0.00
1.4	本期本金归还	19 845.87	0.00	0.00	1354.29	14 056.96	4434.62	0.00	0.00
1.5	本期利息支付	7055.83	0.00	1923.19	2381.50	2218.99	532.15	0.00	0.00
1.6	期末贷款本息累计		19 436.66	19 845.87	18 491.58	4434.62	0.00	0.00	
	本年年利率		12%	12%	12%	12%	12%	2%	12%
2	偿还贷款本息的资金来源								
2.1	投资回收	9736.35	0.00	0.00	0.00	9736.35	0.00	0.00	0.00
2.2	未分配利润	17 165.36	0.00	1923.19	3735.79	6539.60	4966.78	0.00	0.00
2.3	其他								

9.3.8　不确定性分析

本项目的风险主要来自建造成本、售价、销售进度、开发周期、贷款利率等方面，其中主要取决于租售价格的变化和销售进度的快慢。而这些风险因素，又受政治、经济、社会条件的影响。另外自有资金占总投资的比例虽然对整个项目全部资金投资的经济效益没有影响，但是由于贷款的杠杆作用会影响自有资金的经济评价指标，因此需要项目的主办者认真考虑。

1．盈亏平衡分析

本项目的盈亏平衡点为 76.42%，即销售面积或收入达到可销售面积或收入的 76.42%时，项目能保持盈亏平衡。

2．敏感性分析

影响本项目财务效益的主要风险因素为总投资(建造成本)和售价。针对全部资金和自有资金的评价指标，当上述因素变化±15%、±10%、±5%时，对主要经济评价指标的影响如表 9-13 和表 9-14 所示。其中两种最不利的情况如下所示。

(1) 当投资增加 15%时，全部资金的评价指标为

财务内部收益率：　　　　　　18.10%

财务净现值(i_c=18%)　　　　170.42 万元人民币

静态投资回收期：　　　　　　5.62 年

动态投资回收期(i_c=18%)：　　　6.99 年

(2) 当租售价格降低 15%时，全部资金的评价指标为

财务内部收益率：　　　　　　12.59%

财务净现值(i_c=18%)：　　　　−8691.2 万元人民币

静态投资回收期：　　　　　　6.16 年

动态投资回收期(i_c=18%)　　　7.00 年

表 9-13　全部投资的敏感性分析表

项　目		内部收益率 IRR/%	净现值(NPV)/万元	静态投资回收期/年	动态投资回收期/年
基本方案		24.80	10 938.09	4.84	6.35
租售价格变化	15%	37.07	30 570.81	3.70	4.99
	10%	32.96	24 026.27	3.90	5.44
	5%	28.87	17 482.02	4.25	5.98
	−5%	20.73	4394.54	5.31	6.73
	−10%	16.66	−2148.58	5.81	7.00
	−15%	12.59	−8691.2	6.16	7.00
投资变化	15%	18.10	170.42	5.62	6.99
	10%	20.21	3759.65	5.37	6.78
	5%	22.44	7348.87	5.14	6.56
	−5%	27.30	14 527.31	4.45	6.13
	−10%	29.95	18 116.54	4.12	5.83
	−15%	32.78	21 705.76	3.9	5.47

表 9-14　自有资金的敏感性分析表

项　目		内部收益率(IRR)/%	净现值(NPV)/万元	静态投资回收期/年	动态投资回收期/年
基本方案		292.33	155 464.96	1.37	1.44
租售价格变化	15%	323.54	175 815.68	1.34	1.4
	10%	312.36	16 898.01	1.35	1.41
	5%	301.62	162 156.68	1.36	1.42
	−5%	284.36	149 048.79	1.38	1.45
	−10%	273.24	141 408.82	1.40	1.47
	−15%	257.97	131 708.35	1.42	1.50
投资变化	15%	277.97	156 586.73	1.39	1.46
	10%	283.19	156 563.78	1.38	1.45
	5%	287.55	156 006.96	1.38	1.44
	−5%	297.82	155 046.65	1.35	1.43
	−10%	304.64	154 733.55	1.36	1.42
	−15%	312.21	154 436.47	1.35	1.41

由计算结果可知，租金售价降低 15% 对项目经济效益影响很大，使项目不能满足内部收益率、财务净现值和投资回收期的评价标准。为确保项目获得较好的经济效益，项目主办者应加强市场促销工作，尽量使租售计划得以实现。

由于本项目全部投资基本方案的内部收益率为 24.80%，远高于本项目测算中的贷款年利率，因此自有资金的评价指标随自有资金占总开发投资的比例有较大变化，从自有资金占总开发投资比例变化敏感性分析表中可以看出，在确保项目正常运作的情况下，应尽可能降低自有资金的投入，使项目主办者的自有资金再选择其他理想的投资渠道。

9.3.9　经济评价的结论与建议

1. 结论

上述分析和财务效益评估的结果表明，本项目具有较好的内部收益率，有基本的贷款偿还和自身平衡能力，且有一定的抗风险能力。评估结果表明，该项目是可行的。

本项目评估中假定可销售面积全部用于销售，开发建设前四年期间的全部销售收入均用于项目投资。因此，售价与销售进度是本项目能否达到预期效益的关键。

本项目各类物业的预期售价是在多方考察北京目前同类物业市场的基础上确定的。考虑到今后政府在启动房地产市场和降低普通住宅商品房售价方面将会有一些新政策出台，预期售价将会有所变动。但从当前发展态势来看，商品房售价不会有太大的回落。

2. 有关建议

(1) 本项目的关键是各年度预期销售收入能否实现。若销售进度能加快，则项目投资更有保障，财务收益状况会明显好于评估结果；反之亦然。因此，项目主办者对此应给予足够的关注和重视，建立一支良好的销售队伍，加强促销手段，并根据销售情况适时调整工程进度和售价。

(2) 本项目有 30% 是拆迁用房，主要面对益华集团其他开发项目的拆迁对象。这部分销售收入受到其他开发项目进展情况的影响，对此应给予关注，并相应调整各期拆迁房所占比例和进度。当拆迁房对象确有保证时，在前期可适当增加拆迁房比例，加快进度，以取得更好的经济效益。

(3) 按现行规定，对拆迁房可以享受安居工程的有关优惠条件，项目主办者应尽力争取。

(4) 本项目的销售在很大程度上取决于东四环路及周围地区的建设，尤其是东四环路的建设速度，项目主办者对此应给予密切关注，适时调整工程进度与售价。

(5) 本报告在测算过程中，选用的贷款年利率为 12%。如果使用商业性贷款，则其年利率会更高一些，从而增大项目的融资费用，加大整个项目的开发成本，使经济效益降低，因此建议项目的主办者应力争获得政策性贷款，以减少项目的融资费用，争取更好的投资效益。

(6) 建筑工程不可预见的因素很多，工期、质量、成本、原材料供应等都会影响到项目总体目标的实现。因此在工程实施进程中，要加强施工管理，实行工程监理制。还应制订材料采购供应计划，落实资金供应计划，以确保项目的顺利进行。

9.4　Excel 在工程经济学中的应用

9.4.1　终值计算函数——FV

利用 FV 函数可计算年终值和年金终值。

FV 函数的语法格式为

FV(Rate,Nper,Pmt,Pv,Type)

其中，各参数的含义如下。

Rate：此参数表示各期利率。

Nper：此参数表示总投资期，即该项投资的付款期总数。

Pmt：此参数表示各期所应支付的金额，其数值在整个年金期间保持不变。通常 Pmt 包括本金和利息，但不包括其他费用及税款。如果忽略 Pmt，则必须包括 Pv 参数。

Pv：此参数表示现值，即从该项投资开始计算时已经入账的款项，或一系列未来付款的当前值的累积和，也称为本金。如果省略 Pv，则假设其值为零，并且必须包括 Pmt 参数。

Type：此参数取值为数字 0 或 1，用以指定各期的付款时间是在期初(1)还是期末(0)，如果省略 Type，则假设其值为 0。

例 9-1　利率为 5%，现值为 2000 元，计算 5 年后的终值。

具体计算过程如图 9-1、图 9-2 和图 9-3 所示。

图 9-1　选择 FV 函数

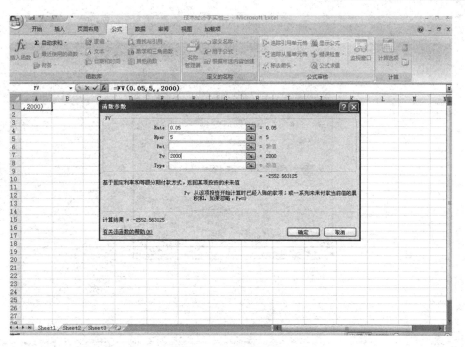

图 9-2　给函数赋值

图 9-3　计算结果

例 9-2　年利率为 5%，年金为 400 元，计算 5 年后的年金终值。

具体计算过程如图 9-4、图 9-5 和图 9-6 所示。

图 9-4　选择 FV 函数

图 9-5　给函数赋值

图 9-6　计算结果

9.4.2　现值计算函数——PV

利用 PV 函数可以计算现值和年金现值。

PV 函数的语法格式为

PV(Rate,Nper,Pmt,Fv,Type)

其中各参数的含义如下。

Rate：此参数表示各期利率。

Nper：此参数表示总投资期，即该项投资的付款期总数。

Pmt：此参数表示各期所应支付的金额，其数值在整个年金期间保持不变。通常 Pmt 包括本金和利息，但不包括其他费用及税款。如果忽略 Pmt，则必须包括 Fv 参数。

Fv：此参数表示未来值，或在最后一次支付后希望得到的现金余额，如果省略 Fv，则假设其值为零(一笔贷款的未来值即为零)。并且必须包括 Pmt 参数。

Type：此参数取值为数字 0 或 1，用以指定各期的付款时间是在期初(1)还是期末(0)，如果省略 Type，则假设其值为 0。

例 9-3　利率为 5%，终值为 200 元，计算 5 年期的现值。

具体计算过程如图 9-7、图 9-8 和图 9-9 所示。

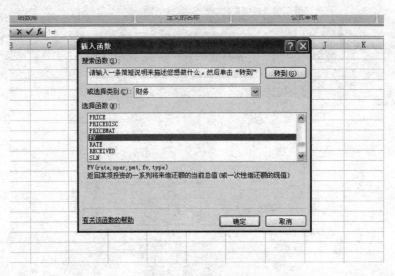

图 9-7　选择 PV 函数

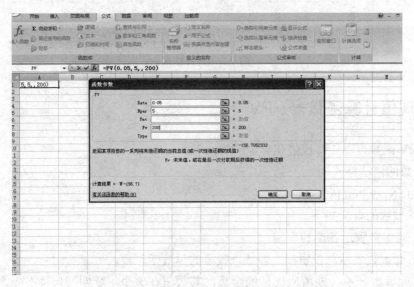

图 9-8　给函数赋值

图 9-9　计算结果

例 9-4　年利率为 5%，年金为 400 元，计算 5 年期的年金现值。

具体计算过程如图 9-10、图 9-11 和图 9-12 所示。

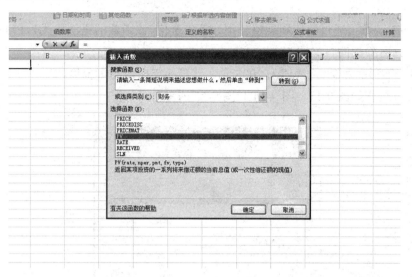

图 9-10　选择 PV 函数

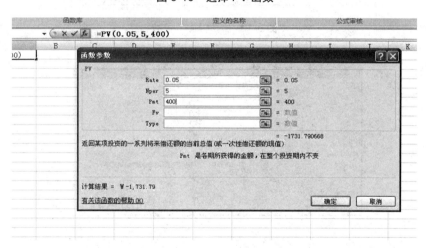

图 9-11　给函数赋值

图 9-12　计算结果

9.4.3 偿债基金和资本回收计算函数——PMT

利用PMT函数可通过终值和现值分别计算年金值。该函数的语法格式为PMT(Rate,Nper, Pv,Fv,Type)，各参数的含义同前。

例 9-5 年利率为 5%，终值为 2000 元，计算 5 年期内的年金值。

具体计算过程如图 9-13、图 9-14 和图 9-15 所示。

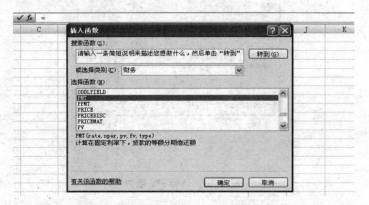

图 9-13 选择 PMT 函数

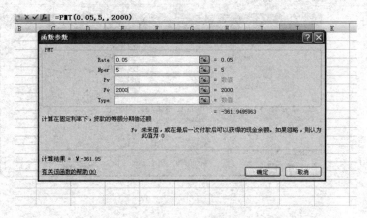

图 9-14 给函数赋值

图 9-15 计算结果

例 **9-6**　年利率为 5%，现值为 2000 元，计算 5 年期内的年金值。

具体计算过程如图 9-16、图 9-17 和图 9-18 所示。

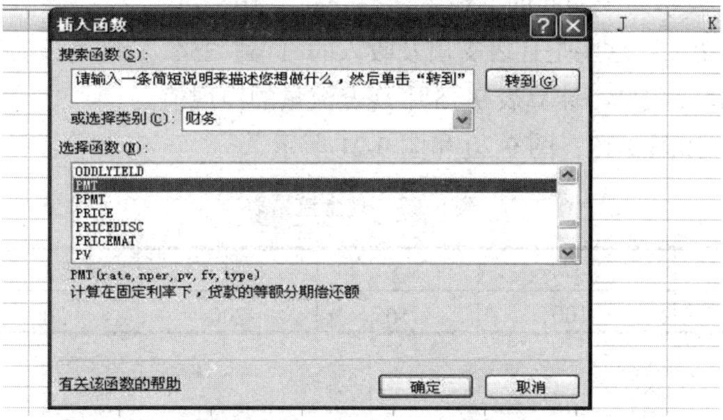

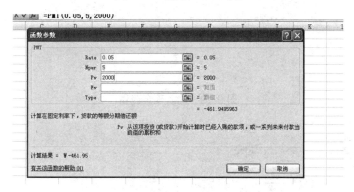

图 9-16　选择 PMT 函数

图 9-17　给函数赋值

图 9-18　计算结果

9.4.4　NPV 函数

NPV 函数通过使用贴现率以及一系列未来支出(负值)和收入(正值)，返回一项投资的净现值。

其语法格式为

NPV(Rate,Value1,Value2,...)

其中，各参数的含义如下。

Rate：此参数表示某一期间的贴现率，是一固定值。

Value1, Value2, ...：这些是代表支出及收入的 1 到 254 个参数。

例 9-7　年利率为 5%，计算表 9-15 中现金流量的净现值。

具体计算过程如图 9-19、图 9-20 和图 9-21 所示。

表 9-15　现金流量表

年　序	1	2	3	4	5
现金流量	−100	50	200	300	350

图 9-19　输入现金流量

图 9-20　选择 NPV 函数并赋值

图 9-21　计算结果

9.4.5　IRR 函数

IRR 函数返回由数值代表的一组现金流的内部收益率。这些现金流不必为均衡的，但作为年金，它们必须按固定的间隔产生，如按月或按年。

IRR 函数的语法格式为

IRR(Values,Guess)

其中，各参数的含义如下。

Values：此参数是数组或单元格的引用，包含用来计算返回的内部收益率的数字。函数 IRR 根据数值的顺序来解释现金流的顺序。故应确定按需要的顺序输入了支付和收入的数值。

Guess：此参数是对函数 IRR 计算结果的估计值。在大多数情况下，并不需要为函数 IRR 的计算提供 Guess 值。

例 9-8　计算表 9-15 中现金流量的内部收益率。

具体计算过程如图 9-22、图 9-23 和图 9-24 所示。

图 9-22　输入现金流量

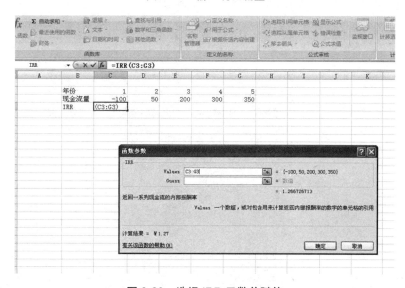

图 9-23　选择 IRR 函数并赋值

图 9-24　计算结果

思考与练习

1. 房地产开发项目经济评价包括哪些内容？
2. 房地产开发项目可分为哪些类型？
3. 房地产开发项目总投资由哪些项目组成？它与工业项目投入的总资金有何区别？

附录 复利因子

4%复利因子

	一次支付		等额多次支付				
n	*F/P*	*P/F*	*F/A*	*P/A*	*A/F*	*A/P*	*n*
1	1.0400	0.9615	1.0000	0.9615	1.0000	1.0400	1
2	1.0816	0.9246	2.0400	1.8861	0.4902	0.5302	2
3	1.1249	0.8890	3.1216	2.7751	0.3202	0.3603	3
4	1.1699	0.8548	4.2465	3.6299	0.2355	0.2755	4
5	1.2167	0.8219	5.4163	4.4518	0.1846	0.2246	5
6	1.2653	0.7903	6.6330	5.2421	0.1508	0.1908	6
7	1.3159	0.7599	7.8983	6.0021	0.1266	0.1666	7
8	1.3686	0.7307	9.2142	6.7327	0.1085	0.1485	8
9	1.4233	0.7026	10.5828	7.4353	0.0945	0.1345	9
10	1.4802	0.6756	12.0061	8.1109	0.0833	0.1233	10
11	1.5395	0.6496	13.4863	8.7605	0.0741	0.1141	11
12	1.6010	0.6246	15.0258	9.3851	0.0666	0.1056	12
13	1.6651	0.6006	16.6268	9.9856	0.0601	0.1001	13
14	1.7317	0.5775	18.2919	10.5631	0.0547	0.0947	14
15	1.8009	0.5553	20.0236	11.1184	0.0499	0.0899	15
16	1.8730	0.5339	21.8245	11.6523	0.0458	0.0858	16
17	1.9479	0.5134	23.6975	12.1657	0.0422	0.0822	17
18	2.0258	0.4936	25.6454	12.6593	0.0390	0.0790	18
19	2.1068	0.4746	27.6712	13.1339	0.0361	0.0761	19
20	2.1911	0.4564	29.7781	13.5903	0.0336	0.0736	20
21	2.2788	0.4388	31.9692	14.0292	0.0313	0.0713	21
22	2.3699	0.4220	34.2480	14.4511	0.0292	0.0692	22
23	2.4647	0.4057	36.6179	14.8568	0.0273	0.0673	23
24	2.5633	0.3901	39.0826	15.2470	0.0256	0.0656	24
25	2.6658	0.3751	41.6459	15.6221	0.0240	0.0640	25
26	2.7725	0.3607	44.3117	15.9828	0.0226	0.0626	26
27	2.8834	0.3468	47.0842	16.3296	0.0212	0.0612	27
28	2.9987	0.3335	49.9676	16.6631	0.0200	0.0600	28
29	3.1187	0.3207	52.9663	16.9837	0.0189	0.0589	29
30	3.2434	0.3083	56.0849	17.2920	0.0178	0.0578	30

续表

	一次支付		等额多次支付				
n	F/P	P/F	F/A	P/A	A/F	A/P	n
35	3.9461	0.2534	73.6522	18.6646	0.0136	0.0536	35
40	4.8010	0.2083	95.0255	19.7928	0.0105	0.0505	40
45	5.8412	0.1712	121.029	20.7200	0.0083	0.0483	45
50	7.1067	0.1407	152.667	21.4822	0.0066	0.0466	50
55	8.6464	0.1157	191.159	22.1086	0.0052	0.0452	55
60	10.5196	0.0951	237.991	22.6235	0.0042	0.0442	60
65	12.7987	0.0781	294.968	23.0467	0.0034	0.0434	65
70	15.5716	0.0642	364.290	23.3945	0.0027	0.0427	70
75	18.9452	0.0528	448.631	23.6804	0.0022	0.0422	75
80	23.0498	0.0434	551.245	23.9154	0.0018	0.0418	80
85	28.0436	0.0357	676.090	24.1085	0.0015	0.0415	85
90	34.1193	0.0293	827.98	24.2673	0.0012	0.0412	90
95	41.5113	0.0241	1012.78	24.3978	0.0010	0.0410	95
100	50.5049	0.0198	1237.62	24.5050	0.0008	0.0408	100
∞				25.0000		0.0400	∞

5%复利因子

	一次支付		等额多次支付				
n	F/P	P/F	F/A	P/A	A/F	A/P	n
1	1.0500	0.9524	1.0000	0.9524	1.0000	1.0500	1
2	1.1025	0.9070	2.0500	1.8594	0.4878	0.5378	2
3	1.1576	0.8636	3.1525	2.7232	0.3172	0.3672	3
4	1.2155	0.8227	4.3103	3.5460	0.2320	0.2820	4
5	1.2763	0.7835	5.5256	4.3295	0.1810	0.2310	5
6	1.3401	0.7462	6.8019	5.0757	0.1470	0.1970	6
7	1.4071	0.7107	8.1420	5.7864	0.1228	0.1728	7
8	1.4775	0.6768	9.5491	6.4632	0.1047	0.1547	8
9	1.5513	0.6446	11.0266	7.1078	0.0907	0.1407	9
10	1.6289	0.6139	12.5779	7.7217	0.0795	0.1295	10
11	1.7103	0.5847	14.2068	8.3064	0.0704	0.1204	11
12	1.7959	0.5568	15.9171	8.8633	0.0628	0.1128	12
13	1.8856	0.5303	17.7130	9.3936	0.0565	0.1065	13
14	1.9799	0.5051	19.5986	9.8986	0.0510	0.1010	14
15	2.0789	0.4810	21.5786	10.3797	0.0463	0.0963	15
16	2.1829	0.4581	23.6575	10.8378	0.0423	0.0923	16
17	2.2920	0.4363	25.8404	11.2741	0.0387	0.0887	17
18	2.4066	0.4155	28.1324	11.6896	0.0355	0.0855	18
19	2.5269	0.3957	30.5390	12.0853	0.0327	0.0827	19
20	2.6533	0.3769	33.0659	12.4622	0.0302	0.0802	20
21	2.7860	0.3589	35.7192	12.8212	0.0280	0.0780	21
22	2.9253	0.3418	38.5052	13.1630	0.0260	0.0760	22
23	3.0715	0.3256	41.4305	13.4886	0.0241	0.0741	23
24	3.2251	0.3101	44.5020	13.7986	0.0225	0.0725	24
25	3.3864	0.2953	47.7271	14.0939	0.0210	0.0710	25

续表

	一次支付		等额多次支付				
n	F/P	P/F	F/A	P/A	A/F	A/P	n
26	3.5557	0.2812	51.1134	14.3752	0.0196	0.0696	26
27	3.7335	0.2678	54.6691	14.6430	0.0183	0.0683	27
28	3.9201	0.2551	58.4026	14.8981	0.0171	0.0671	28
29	4.1161	0.2429	62.3227	15.1411	0.0160	0.0660	29
30	4.3219	0.2314	66.4388	15.3725	0.0151	0.0651	30
35	5.5160	0.1813	90.3203	16.3742	0.0111	0.0611	35
40	7.0400	0.1420	120.800	17.1591	0.0083	0.0583	40
45	8.9850	0.1113	159.700	17.7741	0.0063	0.0563	45
50	11.4674	0.0872	209.348	18.2559	0.0048	0.0548	50
55	14.6356	0.0683	272.713	18.6335	0.0037	0.0537	55
60	18.6792	0.0535	353.584	18.9293	0.0028	0.0528	60
65	23.8399	0.0419	456.798	19.1611	0.0022	0.0522	65
70	30.4264	0.0329	588.528	19.3427	0.0017	0.0517	70
75	38.8327	0.0258	756.653	19.4850	0.0013	0.0513	75
80	49.5614	0.0202	971.228	19.5965	0.0010	0.0510	80
85	63.2543	0.0158	1245.09	19.6838	0.0008	0.0508	85
90	80.7303	0.0124	1594.61	19.7523	0.0006	0.0506	90
95	103.035	0.0097	2040.69	19.8059	0.0005	0.0505	95
100	131.501	0.0076	2610.02	19.8479	0.0004	0.0504	100
∞				20.0000		0.5000	∞

6%复利因子

	一次支付		等额多次支付				
n	F/P	P/F	F/A	P/A	A/F	A/P	n
1	1.0600	0.9434	1.0000	0.9434	1.0000	1.0600	1
2	1.1236	0.8900	2.0600	1.8334	0.4854	0.5454	2
3	1.1910	0.8396	3.1836	2.6730	0.3141	0.3741	3
4	1.2625	0.7921	4.3746	3.4651	0.2286	0.2886	4
5	1.3382	0.7473	5.6371	4.2124	0.1774	0.2374	5
6	1.4185	0.7050	6.9753	4.9173	0.1434	0.2034	6
7	1.5036	0.6651	8.3938	5.5824	0.1191	0.1791	7
8	1.5938	0.6274	9.8975	6.2098	0.1010	0.1610	8
9	1.6895	0.5919	11.4913	6.8017	0.0870	0.1470	9
10	1.7908	0.5584	13.1808	7.3601	0.0759	0.1359	10
11	1.8983	0.5268	14.9716	7.8869	0.0668	0.1268	11
12	2.0122	0.4970	16.8699	8.3838	0.0593	0.1193	12
13	2.1329	0.4688	18.8821	8.8527	0.0530	0.1130	13
14	2.2609	0.4423	21.0151	9.2950	0.0476	0.1076	14
15	2.3966	0.4173	23.2760	9.7122	0.0430	0.1030	15
16	2.5404	0.3936	25.6725	10.1059	0.0390	0.0990	16
17	2.6928	0.3714	28.2129	10.4773	0.0354	0.0954	17
18	2.8543	0.3503	30.9056	10.8276	0.0324	0.0924	18
19	3.0256	0.3305	33.7600	11.1581	0.0296	0.0896	19
20	3.2071	0.3118	36.7856	11.4699	0.0272	0.0872	20
21	3.3996	0.2942	39.9927	11.7641	0.0250	0.0850	21
22	3.6035	0.2775	43.3923	12.0416	0.0230	0.0830	22
23	3.8197	0.2618	46.9958	12.3034	0.0213	0.0813	23
24	4.0489	0.2470	50.8155	12.5504	0.0197	0.0797	24
25	4.2919	0.2330	54.8645	12.7834	0.0182	0.0782	25

续表

	一次支付		等额多次支付				
n	F/P	P/F	F/A	P/A	A/F	A/P	n
26	4.5494	0.2198	59.1563	13.0032	0.0169	0.0769	26
27	4.8223	0.2074	63.7057	13.2105	0.0157	0.0757	27
28	5.1117	0.1956	68.5281	13.4062	0.0146	0.0746	28
29	5.4184	0.1846	73.6397	13.5907	0.0136	0.736	29
30	5.7435	0.1741	79.0581	13.7648	0.0126	0.726	30
35	7.6861	0.1301	111.435	14.4982	0.0090	0.0690	35
40	10.2857	0.0972	154.762	15.0463	0.0065	0.0665	40
45	13.7646	0.0727	212.743	15.4558	0.0047	0.0647	45
50	18.4201	0.0543	290.336	15.7619	0.0034	0.0634	50
55	24.6503	0.0406	394.172	15.9905	0.0025	0.0625	55
60	32.9876	0.0303	533.128	16.1614	0.0019	0.0619	60
65	44.1449	0.0227	719.082	16.2891	0.0014	0.0614	65
70	59.0758	0.0169	967.931	16.3845	0.0010	0.0610	70
75	79.0568	0.0126	1300.95	16.4558	0.0008	0.0608	75
80	105.796	0.0095	1746.60	16.5091	0.0006	0.0606	80
85	141.579	0.0071	2342.98	16.5489	0.0004	0.0604	85
90	189.464	0.0053	3141.07	16.5787	0.0003	0.0603	90
95	253.546	0.0039	4209.10	16.6009	0.0002	0.0602	95
100	339.301	0.0029	5638.36	16.6175	0.0002	0.0602	100
∞				18.182		0.0600	∞

8%复利因子

	一次支付		等额多次支付				
n	F/P	P/F	F/A	P/A	A/F	A/P	n
1	1.0800	0.9259	1.0000	0.9259	1.0000	1.0800	1
2	1.1664	0.8573	2.0800	1.7833	0.4808	0.5608	2
3	1.2597	0.7938	3.2464	2.5771	0.3080	0.3880	3
4	1.3605	0.7350	4.5061	3.3121	0.2219	0.3019	4
5	1.4693	0.6806	5.8666	3.9927	0.1705	0.2505	5
6	1.5869	0.6302	7.3359	4.6229	0.1363	0.2163	6
7	1.7138	0.5835	8.9228	5.2064	0.1121	0.1921	7
8	1.8509	0.5403	10.6366	5.7466	0.0940	0.1740	8
9	1.9990	0.5002	12.4876	6.2469	0.0801	0.1601	9
10	2.1589	0.4632	14.4866	6.7101	0.0690	0.1490	10
11	2.3316	0.4289	16.6455	7.1390	0.0601	0.1401	11
12	2.5182	0.3971	18.9771	7.5361	0.0527	0.1327	12
13	2.7196	0.3677	21.4953	7.9038	0.0465	0.1265	13
14	2.9372	0.3405	24.2149	8.2442	0.0413	0.1213	14
15	3.1722	0.3152	27.1521	8.5595	0.0368	0.1168	15
16	3.4269	0.2919	30.3243	8.8514	0.0330	0.1130	16
17	3.7000	0.2703.	33.7502	9.1216	0.0296	0.1096	17
18	3.9960	0.2502	37.4502	9.3719	0.0267	0.1067	18
19	4.3157	0.2117	41.4463	9.6036	0.0241	0.1041	19
20	4.6610	0.2145	45.7620	9.8181	0.0219	0.1019	20
21	5.0338	0.1987	50.4229	10.0168	0.0198	0.0998	21
22	5.4365	0.1839	55.4567	10.2007	0.0180	0.0980	22
23	5.8715	0.1703	60.8933	10.3711	0.0164	0.0964	23
24	6.3412	0.1577	66.7647	10.5288	0.0150	0.0950	24
25	6.8485	0.1460	73.1059	10.6748	0.0137	0.0937	25

续表

	一次支付		等额多次支付				
n	F/P	P/F	F/A	P/A	A/F	A/P	n
26	7.3964	0.1352	79.9544	10.8100	0.0125	0.0925	26
27	7.9881	0.1252	87.3507	10.9352	0.0114	0.0914	27
28	8.6271	0.1159	95.3388	11.0511	0.0105	0.0905	28
29	9.3173	0.1073	103.966	11.1584	0.0096	0.0896	29
30	10.0627	0.0994	113.283	11.2578	0.0088	0.0888	30
35	14.7853	0.0676	172.317	11.6546	0.0058	0.0858	35
40	21.7245	0.0460	259.056	11.9246	0.0039	0.0839	40
45	31.9204	0.0313	386.506	12.1084	0.0026	0.0826	45
50	46.9016	0.0213	573.770	12.2335	0.0017	0.0817	50
55	68.9138	0.0145	848.923	12.3186	0.0012	0.0812	55
60	101.257	0.0099	1253.21	12.3766	0.0008	0.0808	60
65	148.780	0.0067	1847.25	12.4160	0.0005	0.0805	65
70	218.606	0.0046	2720.08	12.4428	0.0004	0.0804	70
75	321.204	0.0031	4002.55	12.4611	0.0002	0.0802	75
80	471.955	0.0021	5886.93	12.4735	0.0002	0.0802	80
85	693.456	0.0014	8655.71	12.4820	0.0001	0.0801	85
90	1018.92	0.0010	12723.9	12.4877	α	0.0801	90
95	1497.12	0.0007	18071.5	12.4917	α	0.0801	95
100	2199.76	0.0005	27484.5	12.4943	α	0.0800	100
∞				12.5000		0.0800	∞

10%复利因子

	一次支付		等额多次支付				
n	F/P	P/F	F/A	P/A	A/F	A/P	n
1	1.1000	0.9091	1.0000	0.9091	1.0000	1.1000	1
2	1.2100	0.8264	2.1000	1.7355	0.4762	0.5762	2
3	1.3310	0.7513	3.3100	2.4869	0.3021	0.4021	3
4	1.4641	0.6830	4.6410	3.1699	0.2155	0.3155	4
5	1.6105	0.6209	6.1051	3.7908	0.1638	0.2638	5
6	1.7716	0.5645	7.7156	4.3553	0.1296	0.2296	6
7	1.9487	0.5132	9.4872	4.8684	0.1054	0.2054	7
8	2.1436	0.4665	11.4359	5.3349	0.0874	0.1874	8
9	2.3579	0.4241	13.5795	5.7590	0.0736	0.1736	9
10	2.5937	0.3855	15.9374	6.1446	0.0627	0.1627	10
11	2.8531	0.3505	18.5312	6.4951	0.0540	0.1540	11
12	3.1384	0.3186	21.3843	6.8137	0.0468	0.1468	12
13	3.4523	0.2897	24.5227	7.1034	0.0408	0.1408	13
14	3.7975	0.2633	27.9750	7.3667	0.0357	0.1357	14
15	4.1772	0.2394	31.7725	7.6061	0.0315	0.1315	15
16	4.5950	0.2176	35.9497	7.8237	0.0278	0.1278	16
17	5.0545	0.1978	40.5447	8.0216	0.0247	0.1247	17
18	5.5599	0.1799	45.5992	8.2014	0.0219	0.1219	18
19	6.1159	0.1635	51.1591	8.3649	0.0195	0.1195	19
20	6.7275	0.1486	57.2750	8.5136	0.0175	0.1175	20

续表

	一次支付		等额多次支付				
n	F/P	P/F	F/A	P/A	A/F	A/P	n
21	7.4002	0.1351	64.0025	8.6487	0.0156	0.1156	21
22	8.1403	0.1228	71.4027	8.7715	0.0140	0.1140	22
23	8.9543	0.1117	79.5430	8.8832	0.0126	0.1126	23
24	9.8494	0.1015	88.4973	8.9847	0.0113	0.1113	24
25	10.8347	0.0923	98.3470	9.0770	0.0102	0.1102	25
26	11.9182	0.0839	109.182	9.1609	0.0092	0.1092	26
27	13.1100	0.0763	121.100	9.2372	0.0083	0.1083	27
28	14.4210	0.0693	134.210	9.3066	0.0075	0.1075	28
29	15.8631	0.0630	148.631	9.3696	0.0067	0.1067	29
30	17.4494	0.0573	164.494	9.4269	0.0061	0.1061	30
35	28.1024	0.0356	271.024	9.6442	0.0037	0.1037	35
40	45.2592	0.0221	442.592	9.7791	0.0023	0.1033	40
45	72.8904	0.0137	718.905	9.8628	0.0014	0.1024	45
50	117.391	0.0085	1163.91	9.9148	0.0009	0.1019	50
55	189.059	0.0053	1880.59	9.9471	0.0005	0.1005	55
60	304.481	0.0033	3034.81	9.9672	0.0003	0.1003	60
65	490.370	0.0020	4893.71	9.9796	0.0002	0.1002	65
70	789.746	0.0013	7887.47	9.9873	0.0001	0.1001	70
75	1271.89	0.0008	12708.9	9.9921	α	0.1001	75
80	2048.40	0.0005	20474.0	9.9951	α	0.0000	80
85	3298.97	0.0003	32979.7	9.9970	α	0.1000	85
90	5313.02	0.0002	53120.2	9.9981	α	0.1000	90
95	8556.67	0.0001	85556.7	9.9988	α	0.1000	95
100	13780.6	α	137796	9.9993	α	0.1000	100
∞				10.0000		0.1000	∞

<h2 align="center">12%复利因子</h2>

	一次支付		等额多次支付				
n	F/P	P/F	F/A	P/A	A/F	A/P	n
1	1.1200	0.8929	1.0000	0.8929	1.0000	1.1200	1
2	1.2544	0.7972	2.1200	1.6901	0.4717	0.5917	2
3	1.4049	0.7118	3.3744	2.4018	0.2963	0.4163	3
4	1.5735	0.6355	4.7793	3.0373	0.2092	0.3292	4
5	1.7623	0.5674	6.3528	3.6048	0.1574	0.2774	5
6	1.9738	0.5066	8.1152	4.1114	0.1232	0.2432	6
7	2.2107	0.4523	10.0890	4.5638	0.0991	0.2191	7
8	2.4760	0.4039	12.2997	4.9676	0.0813	0.2013	8
9	2.7731	0.3606	14.7757	5.3282	0.0677	0.1877	9
10	3.1058	0.3220	17.5487	5.6502	0.0570	0.1770	10
11	3.4785	0.2875	20.6546	5.9377	0.0484	0.1684	11
12	3.8960	0.2567	24.1331	6.1944	0.0414	0.1614	12
13	4.3635	0.2292	28.0291	6.4235	0.0357	0.1557	13
14	4.8871	0.2046	32.3926	6.6282	0.0309	0.1509	14
15	5.4736	0.1827	37.2797	6.8109	0.0268	0.1468	15

续表

	一次支付		等额多次支付				
n	F/P	P/F	F/A	P/A	A/F	A/P	n
16	6.1304	0.1631	42.7533	6.9740	0.0234	0.1434	16
17	6.8660	0.1456	48.8837	7.1196	0.0205	0.1405	17
18	7.6900	0.1300	55.7497	7.2497	0.0179	0.1379	18
19	8.6128	0.1161	63.4397	7.2658	0.0158	0.1358	19
20	9.6463	0.1037	72.0524	7.4694	0.0139	0.1339	20
21	10.8038	0.0926	81.4987	7.5620	0.0122	0.1322	21
22	12.1003	0.0826	92.5026	7.6446	0.0108	0.1308	22
23	13.5523	0.0738	104.603	7.7184	0.0096	0.1296	23
24	15.1786	0.0659	118.155	7.7843	0.0085	0.1285	24
25	17.0001	0.0588	133.334	7.8431	0.0075	0.1275	25
26	19.0401	0.0525	150.334	7.8957	0.0067	0.1267	26
27	21.3249	0.0469	169.374	7.9426	0.0059	0.1259	27
28	23.8839	0.0419	190.699	7.9844	0.0052	0.1252	28
29	26.7499	0.0374	214.583	8.0218	0.0047	0.1247	29
30	29.9599	0.0334	241.333	8.0552	0.0041	0.1241	30
35	52.7996	0.0189	431.663	8.1755	0.0023	0.1223	35
40	93.0509	0.0107	767.091	8.2438	0.0013	0.1213	40
45	163.988	0.0061	1358.23	8.2825	0.0007	0.1207	45
50	289.002	0.0035	2400.02	8.3045	0.0004	0.1204	50
55	509.320	0.0020	4236.00	8.3170	0.0002	0.1202	55
60	897.596	0.0011	7471.63	8.3240	0.0001	0.1201	60
65	1581.87	0.0006	13173.9	8.3281	α	0.1201	65
70	2787.80	0.0004	23223.3	8.3303	α	0.1200	70
75	4913.05	0.0002	40933.8	8.3316	α	0.1200	75
80	8658.47	0.0001	72145.6	8.3324	α	0.1200	80
∞			7471.63	8.333		0.1200	∞

15%复利因子

	一次支付		等额多次支付				
n	F/P	P/F	F/A	P/A	A/F	A/P	n
1	1.1500	0.8696	1.0000	0.8696	1.0000	1.1500	1
2	1.3225	0.7561	2.1500	1.6257	0.4651	0.6151	2
3	1.5209	0.6575	3.4725	2.2832	0.2880	0.4380	3
4	1.7490	0.5718	4.9934	2.8550	0.2003	0.3503	4
5	2.0114	0.4972	6.7424	3.3522	0.1483	0.2983	5
6	2.3131	0.4323	8.7537	3.7845	0.1142	0.2642	6
7	2.6600	0.3759	11.0668	4.1604	0.0904	0.2404	7
8	3.0579	0.3269	13.7268	4.4873	0.0729	0.2229	8
9	3.5179	0.2843	16.7858	4.7716	0.0596	0.2096	9
10	4.0456	0.2472	20.3037	5.0188	0.0493	0.1993	10

续表

	一次支付		等额多次支付				
n	F/P	P/F	F/A	P/A	A/F	A/P	n
11	4.6524	0.2149	24.3493	5.2337	0.0411	0.1911	11
12	5.3502	0.1869	29.0017	5.4206	0.0345	0.1845	12
13	6.1528	0.1625	34.3519	5.5831	0.0291	0.1791	13
14	7.0757	0.1413	40.5047	5.7245	0.0247	0.1747	14
15	8.1371	0.1229	47.5804	5.8474	0.0210	0.1710	15
16	9.3576	0.1069	55.7175	5.9542	0.0179	0.1679	16
17	10.7613	0.0929	65.0751	6.0072	0.0154	0.1654	17
18	12.3755	0.0808	75.8363	6.1280	0.0132	0.1632	18
19	14.2318	0.0703	88.2118	6.1982	0.0113	0.1613	19
20	16.3665	0.0611	102.444	6.2593	0.0098	0.1598	20
21	18.8215	0.0531	118.810	6.3125	0.0084	0.1584	21
22	21.6447	0.0462	137.632	6.3587	0.0073	0.1573	22
23	24.8915	0.0402	159.276	6.3988	0.0063	0.1563	23
24	28.6252	0.0349	184.168	6.4338	0.0054	0.1554	24
25	32.9189	0.0304	212.793	6.4641	0.0047	0.1547	25
26	37.8568	0.0264	245.712	6.4906	0.0041	0.1541	26
27	43.5353	0.0230	283.569	6.5135	0.0035	0.1535	27
28	50.0656	0.0200	327.104	6.5335	0.0031	0.1531	28
29	57.5754	0.0174	377.170	6.5509	0.0027	0.1527	29
30	66.2118	0.0151	434.745	6.5660	0.0023	0.1523	30
35	133.176	0.0075	881.170	6.6166	0.0011	0.1511	35
40	267.863	0.0037	1779.09	6.6418	0.0006	0.1506	40
45	538.769	0.0019	3585.13	6.6543	0.0003	0.1503	45
50	1083.66	0.0009	7212.71	6.6605	0.0001	0.1501	50
55	2179.62	0.0005	14524.1	6.6636	α	0.1501	55
60	4384.00	0.0002	29220.0	6.6651	α	0.1500	60
65	8817.78	0.0001	58778.5	6.6659	α	0.1500	65
70	17735.7	α	118231	6.6663	α	0.1500	70
75	35672.8	α	237812	6.6665	α	0.1500	75
80	71750.8	α	478332	6.6666	α	0.1500	80
∞				6.667		0.1500	∞

20%复利因子

	一次支付		等额多次支付				
n	F/P	P/F	F/A	P/A	A/F	A/P	n
1	1.2000	0.8333	1.0000	0.8333	1.0000	1.2000	1
2	1.4400	0.6944	2.2000	1.5278	0.4545	0.6545	2
3	1.7280	0.5787	3.6400	2.1065	0.2747	0.4747	3
4	2.0736	0.4823	5.3680	2.5887	0.1863	0.3863	4
5	2.4883	0.4019	7.4416	2.9906	0.1344	0.3344	5

	一次支付		等额多次支付				
n	F/P	P/F	F/A	P/A	A/F	A/P	n
6	2.9860	0.3349	9.9299	3.3255	0.1007	0.3007	6
7	3.5832	0.2791	12.9159	3.6046	0.0774	0.2774	7
8	4.2998	0.2326	16.4991	3.8372	0.0606	0.2606	8
9	5.1598	0.1938	20.7989	4.0310	0.0481	0.2481	9
10	6.1917	0.1615	25.9587	4.1925	0.0385	0.2385	10
11	7.4301	0.1346	32.1504	4.3271	0.0311	0.2311	11
12	8.9161	0.1122	39.5805	4.4392	0.0253	0.2253	12
13	10.6993	0.0935	48.4966	4.5327	0.0206	0.2206	13
14	12.8392	0.0779	59.1959	4.6106	0.0169	0.2169	14
15	15.4070	0.0649	72.0351	4.6755	0.0139	0.2139	15
16	18.4884	0.0541	87.4421	4.7296	0.0114	0.2114	16
17	22.1861	0.0451	105.931	4.7746	0.0094	0.2094	17
18	26.6233	0.0376	128.117	4.8122	0.0078	0.2078	18
19	31.9480	0.0313	154.740	4.8435	0.0065	0.2065	19
20	38.3376	0.0261	186.688	4.8696	0.0054	0.2054	20
21	46.0051	0.0217	225.026	4.8913	0.0044	0.2044	21
22	55.2061	0.0181	271.031	4.9094	0.0037	0.2037	22
23	66.2474	0.0151	326.237	4.9245	0.0031	0.2031	23
24	79.4968	0.0126	392.484	4.9371	0.0025	0.2025	24
25	95.3962	0.0105	471.981	4.9476	0.0021	0.2021	25
26	114.475	0.0087	567.377	4.9563	0.0018	0.2018	26
27	137.371	0.0073	681.853	4.9636	0.0015	0.2015	27
28	164.845	0.0061	819.233	4.9697	0.0012	0.2012	28
29	197.814	0.0051	984.068	4.9747	0.0010	0.2010	29
30	237.376	0.0042	1181.88	4.9789	0.0008	0.2008	30
35	590.668	0.0017	2948.34	4.9915	0.0003	0.2003	35
40	1469.77	0.0007	7343.85	4.9966	0.0001	0.2001	40
45	3657.26	0.0003	18281.3	4.9986	α	0.2001	45
50	9100.43	0.0001	45497.2	4.9995	α	0.2000	50
55	22644.8	α	113219	4.9998	α	0.2000	55
60	56347.5	α	281732	4.9999	α	0.2000	60
∞				5.0000		0.2000	∞

25%复利因子

	一次支付		等额多次支付				
n	F/P	P/F	F/A	P/A	A/F	A/P	n
1	1.2500	0.8000	1.0000	0.8000	1.0000	1.2500	1
2	1.5625	0.6400	2.2500	1.4400	0.4444	0.6944	2
3	1.9531	0.5120	3.8125	1.9520	0.2623	0.5123	3
4	2.4414	0.4096	5.7656	2.3616	0.1734	0.4234	4
5	3.0518	0.3277	8.2070	2.6893	0.1218	0.3718	5

续表

一次支付			等额多次支付				
n	F/P	P/F	F/A	P/A	A/F	A/P	n
6	3.8147	0.2621	11.2588	2.9514	0.0888	0.3388	6
7	4.7684	0.2097	15.0735	3.1611	0.0663	0.3163	7
8	5.9605	0.1678	19.8419	3.3289	0.0504	0.3004	8
9	7.4506	0.1342	25.8023	3.4631	0.0388	0.2888	9
10	9.3132	0.1074	33.2529	3.5705	0.0310	0.2801	10
11	11.6415	0.0859	42.5661	3.6564	0.0235	0.2735	11
12	14.5519	0.0687	54.2077	3.7251	0.0184	0.2684	12
13	18.1899	0.0550	68.7596	3.7801	0.0145	0.2645	13
14	22.7374	0.0440	86.9495	3.8241	0.0115	0.2615	14
15	28.4217	0.0352	109.687	3.8593	0.0091	0.2591	15
16	35.5271	0.0281	138.109	3.8874	0.0072	0.2572	16
17	44.4089	0.0225	173.636	3.9099	0.0058	0.2558	17
18	55.5112	0.0180	218.045	3.9279	0.0046	0.2546	18
19	69.3889	0.0144	273.556	3.9424	0.0037	0.2537	19
20	86.7362	0.0115	342.945	3.9539	0.0029	0.2529	20
21	108.420	0.0092	429.681	3.9631	0.0023	0.3523	21
22	135.525	0.0074	538.101	3.9705	0.0019	0.2519	22
23	169.407	0.0059	673.626	3.9764	0.0015	0.2515	23
24	211.758	0.0047	843.033	3.9811	0.0012	0.2512	24
25	264.698	0.0038	1054.79	3.9849	0.0009	0.2509	25
26	330.872	0.0030	1319.49	3.9879	0.0008	0.2508	26
27	413.590	0.0024	1650.36	3.9903	0.0006	0.2506	27
28	516.988	0.0019	2063.95	3.9923	0.0005	0.2505	28
29	646.235	0.0015	2580.94	3.9938	0.0004	0.2504	29
30	807.794	0.0012	3227.17	3.9950	0.0003	0.2503	30
35	2465.19	0.0004	9856.76	3.9984	0.0001	0.2501	35
40	7523.16	0.0001	30088.7	3.9995	α	0.2500	40
45	22958.9	α	91831.5	3.9998	α	0.2500	45
50	70064.9	α	280256	3.9999	α	0.2500	50
∞				4.0000		0.2500	∞

30%复利因子

一次支付			等额多次支付				
n	F/P	P/F	F/A	P/A	A/F	A/P	n
1	1.3000	0.7692	1.000	0.769	1.0000	1.3000	1
2	1.6900	0.5917	2.300	1.361	0.4348	0.7348	2
3	2.1970	0.4552	3.990	1.816	0.2506	0.5506	3
4	2.8561	0.3501	6.187	2.166	0.1616	0.4616	4
5	3.7129	0.2693	9.043	2.436	0.1106	0.4106	5

续表

	一次支付		等额多次支付				
n	F/P	P/F	F/A	P/A	A/F	A/P	n
6	4.8268	0.2072	12.756	2.643	0.0784	0.3784	6
7	6.2749	0.1594	17.583	2.802	0.0569	0.3569	7
8	8.1573	0.1226	23.858	2.925	0.0419	0.3419	8
9	10.604	0.0943	32.015	3.019	0.0312	0.3312	9
10	13.786	0.0725	42.619	3.092	0.0235	0.3235	10
11	17.922	0.0558	56.405	3.147	0.0177	0.3177	11
12	23.298	0.0429	74.327	3.190	0.0135	0.3135	12
13	30.287	0.0330	97.625	3.223	0.0102	0.3102	13
14	39.374	0.0254	127.91	3.249	0.0078	0.3078	14
15	51.186	0.0195	167.29	3.268	0.0060	0.3060	15
16	66.542	0.0150	218.47	3.283	0.0046	0.3046	16
17	86.504	0.0116	285.01	3.295	0.0035	0.3035	17
18	112.46	0.0089	371.52	3.304	0.0027	0.3027	18
19	146.19	0.0068	483.97	3.311	0.0021	0.3021	19
20	190.05	0.0053	630.16	3.316	0.0016	0.3016	20
21	247.06	0.0040	820.21	3.320	0.0012	0.3012	21
22	321.18	0.0031	1067.3	3.323	0.0009	0.3009	22
23	417.54	0.0024	1388.5	3.325	0.0007	0.3007	23
24	542.80	0.0018	1806.0	3.327	0.0005	0.3005	24
25	705.64	0.0014	2348.8	3.329	0.0004	0.3004	25
26	917.33	0.0011	3054.4	3.330	0.0003	0.3003	26
27	1192.5	0.0008	3971.8	3.331	0.0003	0.3003	27
28	1550.3	0.0006	5164.3	3.331	0.0002	0.3002	28
29	2015.4	0.0005	6714.6	3.332	0.0002	0.3002	29
30	2620.0	0.0004	8730.0	3.332	0.0001	0.3001	30
31	3406.0	0.0003	11 350	3.332	α	0.3001	31
32	4427.8	0.0002	14 756	3.333	α	0.3001	32
33	5756.1	0.0002	19 184	3.333	α	0.3001	33
34	7483.0	0.0001	24 940	3.333	α	0.3000	34
35	9727.8	0.001	32 423	3.333	α	0.3000	35
∞				3.333			∞

40%复利因子

	一次支付		等额多次支付				
n	F/P	P/F	F/A	P/A	A/F	A/P	n
1	1.4000	0.7134	1.000	0.714	1.000	1.4000	1
2	1.9600	0.5102	2.400	1.224	0.4167	0.8167	2
3	2.7440	0.3644	4.360	1.589	0.2294	0.6294	3
4	3.8416	0.2603	7.104	1.849	0.1408	0.5408	4
5	5.3782	0.1859	10.946	2.035	0.0934	0.4914	5

续表

	一次支付		等额多次支付				
n	F/P	P/F	F/A	P/A	A/F	A/P	n
6	7.5295	0.1328	16.324	2.168	0.0163	0.4613	6
7	10.541	0.0949	23.853	2.263	0.0419	0.4419	7
8	14.758	0.0678	34.395	2.331	0.0291	0.4291	8
9	20.661	0.0484	49.153	2.379	0.0203	0.4203	9
10	28.925	0.0346	69.814	2.414	0.0143	0.4143	10
11	40.496	0.0247	98.739	2.438	0.0101	0.4101	11
12	56.694	0.0176	139.23	2.456	0.0072	0.4072	12
13	79.371	0.0126	195.93	2.469	0.0051	0.4051	13
14	111.12	0.0090	275.30	2.478	0.0036	0.4036	14
15	155.57	0.0064	386.42	2.484	0.0026	0.4026	15
16	217.80	0.0046	541.99	2.489	0.0018	0.4019	16
17	304.91	0.0033	759.78	2.492	0.0013	0.4013	17
18	426.88	0.0023	1064.7	2.494	0.0009	0.4009	18
19	597.63	0.0017	1491.6	2.496	0.0007	0.4007	19
20	836.68	0.0012	2089.2	2.497	0.0005	0.4005	20
21	1171.4	0.0009	2925.9	2.498	0.0003	0.4003	21
22	1639.9	0.0006	4097.2	2.498	0.0002	0.4002	22
23	2295.9	0.0004	5737.1	2.499	0.0002	0.4002	23
24	3214.2	0.0003	8033.0	2.499	0.0001	0.4001	24
25	4499.9	0.0002	11 247	2.499	α	0.8001	25
26	6299.8	0.0002	15 747	2.500	α	0.4001	26
27	8819.8	0.0001	22 047	2.500	α	0.4000	27
28	12 348	0.0001	30 867	2.500	α	0.4000	28
29	17 287	0.0001	43 214	2.500	α	0.4000	29
30	24 201	α	60 501	2.500	α	0.4000	30
∞				2.500		0.4000	∞

50%复利因子

	一次支付		等额多次支付				
n	F/P	P/F	F/A	P/A	A/F	A/P	n
1	1.5000	0.6667	1.000	0.667	1.0000	1.5000	1
2	2.2500	0.4444	2.500	1.111	0.4000	0.9000	2
3	3.3750	0.2963	4.750	1.407	0.2101	0.7105	3
4	5.0625	0.1975	8.125	1.605	0.1231	0.6231	4
5	7.5938	0.1317	13.188	1.737	0.0758	0.5758	5
6	11.391	0.0878	20.781	1.824	0.0481	0.5481	6
7	17.086	0.0585	32.172	1.883	0.0311	0.5311	7
8	25.629	0.0390	49.258	1.922	0.0203	0.5203	8
9	38.443	0.0260	74.887	1.948	0.0134	0.5134	9
10	57.665	0.0173	113.33	1.965	0.0088	0.5088	10

续表

	一次支付		等额多次支付				
n	F/P	P/F	F/A	P/A	A/F	A/P	n
11	86.498	0.0116	171.00	1.977	0.0059	0.5059	11
12	129.75	0.0077	257.49	1.985	0.0039	0.5039	12
13	194.62	0.0051	387.24	1.990	0.0026	0.5026	13
14	291.93	0.0034	591.86	1.993	0.0017	0.5017	14
15	437.89	0.0023	873.79	1.995	0.0011	0.5011	15
16	656.84	0.0015	1311.7	1.997	0.0008	0.5008	16
17	985.26	0.0010	1968.5	1.998	0.0005	0.5005	17
18	1477.9	0.0007	2953.8	1.999	0.0003	0.5003	18
19	2216.8	0.0005	4431.7	1.999	0.0002	0.5002	19
20	3325.3	0.0003	6648.5	1.999	0.0002	0.5002	20
21	4987.9	0.0002	9973.8	2.000	0.0001	0.5001	21
22	7481.8	0.0001	14 962	2.000	α	0.5001	22
23	11 223	0.0001	22 443	2.000	α	0.5000	23
24	16 834	0.0001	33 666	2.000	α	0.5000	24
25	25 251	α	50 500	2.000	α	0.5000	25
∞				2.000		0.5000	∞

参 考 文 献

[1] 李相然. 工程经济学[M]. 北京：中国电力出版社，2016.

[2] 李忠富，杨晓冬. 工程经济学[M]. 北京：科学出版社，2012.

[3] 吕萍，等. 房地产开发与经营[M]. 北京：中国人民大学出版社，2002.

[4] 陶燕瑜，张宜松. 工程技术经济[M]. 重庆：重庆大学出版社，2002.

[5] 刘晓君. 工程经济学[M]. 北京：中国建筑工业出版社，2003.

[6] 黄有亮，等. 工程经济学[M]. 南京：东南大学出版社，2003.

[7] 赵国杰. 工程经济学[M]. 天津：天津大学出版社，2003.

[8] 左建，等. 建筑工程经济学[M]. 北京：中国水利水电出版社，2003.

[9] 王又庄. 现代企业经济分析[M]. 上海：立信会计出版社，2000.

[10] 邵颖红，黄渝祥. 工程经济学概论[M]. 北京：电子工业出版社，2003.

[11] 田恒久. 工程经济[M]. 武汉：武汉理工大学出版社，2007.